# 吹奏楽・授業・部活動ですぐに使える

まゆみ先生の

# パワーUP！
## ゲーム29

## ～活力・表現力不足を楽しく解消！～

緒形まゆみ

JN193292

# はじめに

## 〜この本を手に取ってくださった方へ〜

　想像する力、表現しようとする意思、人と直接触れ合うコミュニケーション力……こういった力の不足が世の中で取り沙汰されて久しくなります。それは教育現場のみならず、社会の中でも問題となってきています。

　大きな要因のひとつには、SNSをはじめ、ネット社会の無限大の発展があります。合理性、収益性の優先。リアルな人間関係は非効率的で煩わしい。という考え方です。

　一方、音楽を含む「教育の環境」も時代とともに変化してきています。

　音楽科授業の削減、学校の統廃合、少子化による部員の減少、教育予算の削減、教員の事務作業の増加、授業時数確保、部活動ガイドラインによる練習への制限など、行政の変化。保護者の価値観の多様化、さまざまなプレッシャーを抱える子どもたちの心など、地域や家庭の変化。……公立・私立を問わず厳しい状況の中で、先生方も日々悩みながらご指導を続けられていらっしゃいます。

　今後は「働き方改革」を受ける形で、日本独特の「部活動」も、体育系、文化系を問わず、近い将来、社会教育への移行を含む大きな変容が予想されます。

　それでも教員は「人間が好き」「子どもが好き」……だから踏ん張れる。吹奏楽の世界でも善良な多くの先生方は、吹奏楽という手法で音楽活動をし、「心豊かなよい演奏と人作り」を目指していらっしゃいます。これからの指導者に求められるもの……それは先生方の「個性を生かし」、目の前の子どもたちの実情に合わせた「柔軟な視点」を持つことではないでしょうか。

　本書では、日頃「これが基礎」と思っていらっしゃることのさらに基礎→「基礎の基礎力」への視点を、ご提案させていただきます。先生方と生徒さんたちが、日々の決まった練習やさまざまな問題から少し離れ、短い時間で「楽しみながら」「表現する力」や「想像する力」「聴く力」がつくようなエクササイズを「ゲーム」という形で、ご紹介させていただきます。

　また本書のパートⅠ・Ⅱは、音楽系部活動以外の場、授業や教員研修、社会人研修の場でも、「ゲーム」として、ソーシャルスキルアップに役立てていただけるよう工夫されています。

　技術はある。知識もある。しかし「人としての力」があと少し……そんな現場でも活用していただければと思います。

　世の中がどんなに変わっても、大切にしたいことは「人の心」です。人は人と関わってこそ生きて行ける……お互いさまや、共感や支え合う気持ちです。それは人が「生きて行く力」です。一つひとつは大爆笑のゲームですが、そんな「あたりまえのこと」を実感できる一助になれば幸いです。

## 本書の使い方

Ⅰ「コミュニケーション力UP」
Ⅱ「集中力UP」

　……授業・部活動・研修等、集団の中で、短時間で良好な人間関係を作ったり、気分転換ができるゲームを紹介しています。どのような場面でも使えるゲームです。

Ⅲ「表現力UP」
Ⅳ「聴く力UP」
Ⅴ「リズム感UP」

　……音楽系の授業・部活動で、本来の練習に入る前に、適宜入れていくことをお勧めしたいゲームです。毎日1分でも継続することで効果が出るもの。年に数回でも行なうとよいものとそれぞれ記していますが、使う方の個性や環境によって、自由に扱っていただきたいと思います。

《凡例》

**■各No.タイトル下の難易度の目安**

　★：小学校低学年〜社会人
　★★：小学校高学年〜社会人
　★★★：中学生〜社会人

〈Ⅲ以降〉

🎹：ピアノまたはキーボードを使用

**■テンポ**

♩＝○ は1分間に♩が○拍の速さ。

♩＝60は1分に60拍（1秒1拍）、80の場合は1分に80拍

※本書は、月刊誌『バンドジャーナル』（音楽之友社刊）2015年6月号〜2017年7月号連載記事をもとに大幅変更・加筆のうえ、新しいゲームを加え再構成したものです。

# 目 次

# I

# コミュニケーション力 UP

世の中ひとりでは生きていけない。

生きている限り、他者と関わりながら人生を歩んでいく。

うーん。頭ではわかっているのですが……実際には難しいです。

コミュニケーション力＝「理性と合理性をもって話し合うこと」「討議すること」「他者の意見を尊重しつつ、自己主張できること」——実に壮大です。

私自身、果たしてそんなコミュニケーション力があるのか、ないのか？

自分でもよくわかりません。

「失敗したなぁ」と思うとき、たいがいは視野が狭かったり、

他者に対する配慮不足だったりして反省します。

大人だって難しい。まして子どもたちに、いきなりそんな力はつきません。

コミュニケーションって、身の回りの些細なことの積み重ねだと思うんですね。

このパートIでは、話し合ったり、討議したりする前に……

まずは「人と関わることの楽しさを味わう」ことをテーマにしていきたいと思います。

# お絵かきゲーム

## ～伝わらない、がわかれば、伝え方も工夫する～

「伝える」ためには「伝わらない」がわかることが大事。
人はみんな違うってどういうこと？
なるほど納得の「伝え方ゲーム」!!

**実施タイミング**＝年に1～2回。意思疎通や人間関係でトラブルが起きたときなどに適宜
**所要時間**＝10分くらい（見せ合う時間と解説も合わせて）
**場所**＝どこでも
**隊形**＝どんな隊形でも
**使うもの**＝あらかじめ作成した正解のイラスト（画用紙A3くらい）、毎回違うイラストを用意しましょう（答えがわかっちゃうので）。人数分の白い画用紙（B4～A3）、人数分のマジック（黒）

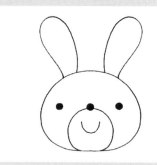

↑あらかじめ用意したイラスト。これをことばで説明すると…?

## START！

**1** 全員に画用紙とマジックを配ります。

画用紙は横向きに使います。

**2** 用意したイラストを見せずにことばで説明し、生徒に各自想像させながら絵を描かせます。

👩 先生

1)「隣は見ちゃダメですよ～」
2)「丸を描いてください」
3)「その丸の中に、点を3つ描き入れてください」
4)「2つ目の点の下に、もう1つ、丸を描いてください」
5)「今描いた丸の中に、アルファベットのUの文字を入れてください」
6)「一番最初に描いた丸の上に、なが～い耳を2つ描いてください」

えーと

**3** 完成したら、生徒たちだけで見せ合いましょう！

　　生徒たちは、お互いの絵があまりに違うので「えーっ！」となったり、逆に似ていて「おぉー」
　　となったり……。しばし、ざわつかせておきましょう。

**4** 最後にあらかじめ用意していた絵を見せます。

**5** 同じことばに従って描いた絵。なのに「みんな違う」絵を描いた。日常生活ではいつもこんなことが起こっている（目には見えないけれど）ことを、話してあげます。

▶ **事前に用意した「お手本」通りに描かせることが目的ではありません**：始めるときに「ウサギのようなものです」とか、そのもののイメージは言いません。あくまでことばを聴き取り、個々の想像に任せることにします。

▶ **「お手本」と著しく異なる絵を描いた人を責めない**：全部「正解」。同じことばで描いた絵が、みんな違うということに着目させます。

▶ **「人に何かを伝えたい」と思うとき、みんなが自分と同じように思い描いてくれるということはない**：お互いに自分の物差し（価値観・経験値）だけがすべてではないということ。行き違いや誤解があっても"お互いさま"。あきらめない気持ちが大事ということを理解させます。

## この経験を生かして

● この具体的経験そのものが大事。コミュニケーションにまつわるトラブルや、演奏表現について伝えたいイメージが伝わらないとき、「ほら、いつか描いた絵みたいだね」と、例に出すと修復・修正が容易になります。時間はかかりますが、「思い込みを捨てて。言葉だけで100％は伝わらない」を前提として、「伝える努力」がいかに大切なのかを、根気よく伝え続けてほしいと思います。

● ご自身のお仕事にも役立つと思います。授業・生活指導・部活動・保護者対応……「伝わらない」ことでいらだつ場面も多いと思います。そんなときにも、このゲームを思い出してください。少し心に余裕ができるかもしれません。

<table>
<tr><td rowspan="2">

**No.**
# 2
難易度
★
</td><td>

# みんなでリアクション！
## ～発言力・モチベーションUP！
## 全員挙手＆共感・受容 "鉄の掟" のすすめ～
</td></tr>
</table>

「ミーティングで、いつも同じ人が発言する」
「問いかけてもシーン……」
「意見や感想を発言させても全員に伝わっている感じがしない」
……よくあることですね。
これはコミュニケーション能力の問題だけではなく、言いやすい雰囲気も大事だと思います。
誰でも気軽に手を上げられる、どんな発言でも「大丈夫」と受け入れてもらえる、そんな空気を作り出すための "鉄の掟"!!
集団の空気も明るくなること間違いなし！ です。

---

**実施タイミング**＝先生が質問したとき、感想を求めたとき、ミーティングで顧問や幹部が意見を求めたとき、いろいろな場面で……
**所要時間**＝時と場合で異なる

**場所**＝どこでも
**隊形**＝どんな形でも
**使うもの**＝特になし

---

## START！

**STEP1** 何でもかんでも。いつでもどこでも "全員挙手"

**1** 「どう思いますか？」という質問に対して、何も考えずに全員で手を上げる練習をします。

 **先生**

「今から実験します。私が『どう思いますか？』と質問したら全員手を上げてください」

と事前に伝えてから開始。2、3回繰り返します。「えーっ」と反抗されても「まあ、とりあえずやってごらん」と、ズシズシ進めます。

**2** 手を上げた状態を全員で見渡させます。「やる気があるように見える」「活気がある」という意見が出るまで続けます。

手の上げ方が遅かったりバラバラだったりすると「うーん、わからない……」という空気になります。リーダーを前に出して判断させるのも効果的です。

**❸** 「やる気があるように見える」「活気がある」と感じた生徒が多ければ次に進みます（全員の同意がなくても進めてください）。

👀 ▶上手に何か言おうとして手を上げられない生徒が多いので、とりあえず手を上げさせ、形を覚えさせることが大切です。当てられてから考えて、発言するのもアリ!!

### STEP2 当てられた人を全員で"見る""うなずく"（うん、うん）

**❶** 全員がうまく挙手できたら発言者を1人選んで立たせます。

その他の生徒には、全員で身体ごとその生徒のほうを向いて"見る"よう指示します。

**❷** 質問をします。

答えやすく、正解・不正解のない具体的な質問を投げかけます。

（先生）

（例）「どんな天気が好きですか？」

**❸** 生徒が発言したら、全員で"うなずく"（うん、うん）よう指示します。

▶ "うなずく"という動作がわからない生徒がいた場合は、先生が見本を示し、生徒同士で互いにうなずかせてから始めましょう。

▶ なかなか発言が出てこなくても、うなずきながら待ちます（大丈夫、待つからね、という合図）。

▶ どんな発言でも否定しない。まずは先生が「そうだね」「なるほど」「ステキ」など、全面的に認めてあげましょう。

## STEP3 "共感"・"受容"のことばを相手に投げかける（認められた！）

**①** STEP2の①〜②までは同じ。

**②** 発言した生徒に対して、生徒全員で"共感"（＝同意・同感）・"受容"（＝違う意見・感性でも受け入れる）のことばをかけてあげます。

普段はしないことなので、最初のうちはなかなかうまくいきません。それぞれのタイミングでバラバラに声が出せるようになるまで、何度もやります。

**先生**

「○○さんの発言に対して、共感した人は『そうそう』『わかる』とか、意外だった人は『なるほどー』『へぇー』とか、声に出して反応しましょう」

ワイワイ・ガヤガヤしちゃったほうが素晴らしい‼　人と違うことばが出たら「すごーいっ！」と、おだててみましょう。

同意できない、　あるいは思いもつかない発言の場合でも、「そうかな？」とか「なるほど」など、自分のことばを声に出すよう促します。

▶ "共感"・"受容"のことばが「そう思いますっ！」のような、セリフ的なことばになってしまわないよう注意してあげてください。

▶ 「友達との会話」を思い出させてあげると、いろいろな"共感"・"受容"のことばを引き出すことができます。

## STEP4 　全部まとめてやってみる

最後に、**STEP1**〜3を通して、実際のミーティング場面で試します。細かく突き詰めないで、さまざまな場面の中で繰り返すことによって、慣れさせることが大事だと思います。

**POINT**

- ▶**発言者として指名された人にも、それぞれの感想を聞いてみましょう**：多くの人は、たくさんの視線の中で発言する経験が乏しいので、「ちょっとこわい」とか「恥ずかしい」との意見も出ると思います。「なるどね、確かに」と受け止めて、突き詰めないことが大事です。

- ▶**慣れることが一番大事**

- ▶**人間関係の基本は「対話」**：SNSなどネット社会で育っている子どもたちの中には、リアルな「対話」「会話」が苦手な人も少なくありません。根気はいると思います。でもきっと、気がつけば最初は強制、"鉄の掟"だった全員挙手も、共感への一連の動作や発声も、人としてあたりまえのこととして、自然にできるようになっていくと思います。

# No. 3 パッチン・リレー

## ～以心伝心! 目力なくして拍手つながらず～

難易度
★

人の「目を見て」話のできない子どもたちが増えていますね (大人も)。
アイコンタクトの訓練にもなり集中力も復活……
一石二鳥の効果がねらえます!!
集中力は個人差が大きいもの。何となく空気がどんよりしてきたなと
思ったときは……ぜひ、お試しください!!　空気も和みます。

**実施タイミング**＝レクリエーションなど、適宜
**所要時間**＝1回1分くらいを2～3回
**場所**＝どこでも

**隊形**＝10～15人くらいの輪を作る (20人前後までの場合は1つの輪。それ以上の場合は、人数に応じて2つ、3つと作ってください)
**使うもの**＝特になし

## START!

### STEP1　基礎編：パッチン・リレー

**1** 10～15人くらいの輪を、あちこち
に作ります。

**②** 1人1人、パッチンと1回ずつ手をたたいて、隣の人にリレーしていきます。

このとき拍子や速さ、リズムは関係なくただパッチンと手をたたくだけです。

**③** 最初はかなりゆっくり……2周目以降はなるべく速く。

♩＝60〜120くらいが目安です（メトロノームは鳴らしません）。
ギャーギャー大騒ぎになっても大丈夫。そのままズンズンやらせます。うまく回ってきたら「はやくはやく！」とあおりましょう！

**④** 3周くらいしたら、おしまい。

## STEP2 応用編：パッチン返し

**①** STEP1パッチン・リレーの途中で、突然方向を変えます。

次の人に送らず、もらった相手に手をたたき返します。方向を変える役は、生徒の自発性に任せます。

**②** 逆戻りしてきたら、また突然方向を変えます。

**③** これを繰り返しながら1周したら終了です。

### POINT

▶ **アイコンタクトがポイント**：ただ手を打って回すだけではなく、必ず互いの目を見て「パッチン」を隣に「あげる」感覚です。「相手の目を見て〜」と声掛けし続けましょう。

▶ **よく見ていてあげましょう**：「パッチン返し」では、同じ人たちだけで繰り返して「遊んじゃう」と、他の人たちが「飽きちゃう」……。必要に応じて「先へ回して」など、声掛けしてください。

### この経験を生かして

● はじめは隣の人のことばかり気になっていたけれど、全員が1人1人を見なければつながらないことに、いつの間にか気がつくようにしてあげてください。集団の中での話の聞き方がきっと変わってくると思います。

# No. 4 バニバニ・バニー!!

**難易度 ★★**

## ～アイコンタクトで大笑い！コミュニケーション力UP～

新年度や、新人歓迎の際のイベントのひとつに入れてみてください。
互いの緊張がとけます。最初は恥ずかしいけれど、
笑いの中で大いに盛り上がること間違いなし！です。

**実施タイミング**＝親睦会・レクリエーション・空気が疲れ気味のときなど、適宜

**所要時間**＝1ゲームあたり2分くらいが盛り上がります

**場所**＝どこでも

**隊形**＝10～15人くらいで「輪」を作る（パートに関係なく1～3年生を交ぜましょう。人数が多いときにはいくつも作ります）

**使うもの**＝特になし

## START！

### STEP1 どんどんバニー役を代えて、楽しむ

**1** ▶ 輪の中から3人1組を指名。ウサギの顔になります。

**2** ▶ 「口」役が「バニバニ…」と言う間、「耳」役は手をヒラヒラさせます。

真ん中のウサギの「口」役の人が「バニバニバニバニ……」と何度も言いながら、両手を自分の口元でコチョコチョと動かします。左右にいるウサギの「耳」役は、手のひらを耳のようにパタパタさせます（「口」役の右側の人は「右手」を。左側の人は「左手」を上げます）。

ヒラヒラ　バニバニバニバニバニバニ…　ヒラヒラ　目キョロキョロ

耳の人　口の人　耳の人

**❸** 「口」役の人が「バニー!!!」と叫びながら次の「口」役を指名します。

好きなタイミングで、輪の中の「誰か」に向かって、真ん中の「口」役の人が「バニーッ!!!」と叫びながら両手でその人を指します。

**❹** 指された人は、すぐにそこで３人組「ウサギ」になり、次の誰かにねらいを定めます。

これを繰り返します。キャーキャー大騒ぎになったら、大成功です。

人数が多い場合、盛り上がってきたらグループを交代。「ありがとうございました」と挨拶をさせて、仲間を入れ替え、また輪を作って始めます。

▶ 間違えるのは、たいてい左右逆の腕を上げてしまうウサギの「耳」役の人です。間違っても仲間で優しく、指摘してあげましょう。

▶ 恥ずかしがって、もじもじしていたり、声が小さかったり、相手の目を見られない生徒もいます。そういうときには少し中断して、先生がお手本を示してください。大切なことは「相手に伝わるように伝える」という行為です。

## STEP2　間違えた人は座っていく

**1**　STEP1 ①〜③と同じですが、今度は、間違えた人がその場でしゃがみます。

必ずしも隣り合った3人組が、「口」役や左右の「耳」役ではなくなって、離れたところにいる生徒が「耳」役をしなければならなくなります。ここ大事!　そしておもしろい。オロオロしてみんなで大爆笑!　ここでもほとんどの場合、「耳」役の人が間違えていきます（ホント）。

バニバニバニバニ…

**2**　最後に数人残ったところで、ゲーム終了です。

**POINT**

▶「練習」ではないので突き詰めない：レクリエーションです。相手の目を見られない人、声の小さい人もたくさんいます。それでも大丈夫。少しずつです。私語なく整然と行なうのではなく、「笑い」を評価の基準にしてください。

▶最初は先生も一緒に遊びましょう：それから、楽しんでいる人たちの個々の姿を観察し、性格・個性を見てください。

17

# 好きな食べ物は何ですか?

## ～聴く力・伝える力は、恥ずかしがってちゃ高まらない～

普段は恥ずかしがり屋さんでも、
大きな声がつい出ちゃう。
耳と気持ちを使って仲間の好きな食べ物を
当てっこしましょう。
楽しみながら聴く力UP、伝える力UP!
盛り上がります。

**実施タイミング**＝適宜
**所要時間**＝一度に1チームで実施。1回5分くらい
（最初は説明も入れながら10分くらいかかります）
**場所**＝どこでも

**隊形**＝10～20人くらいのグループに分かれます
（できれば偶数。余る人がいればそのチームは奇数
でもかまいません）。1チームずつ行なうので、他
の人たちはその場で座って一緒に「聴き取り」ます
**使うもの**＝特になし

## START！

**1** グループをA・B、2つのチームに分け、向き合うように並ばせます。

10～20人くらいの生徒を選んでAチーム・Bチームに分け、2メートルくらい離して向き合うように並ばせます（10人グループなら5人対5人）。

行なうのは1グループのみ。その他の人たちは周辺に座って聴き取りに専念。

**2** Aチーム全員に、自分の好きな食べ物を心の中で思い浮かべてもらいます。

「ラーメン」や「メロン」「アイスクリーム」「ハンバーグ」など、一言で言えるもの限定です。

**先生**
「声に出しちゃダメ!!」

▶「『ピーマンの入ってないサラダ』とか『海苔が別巻きになっているシャケのおにぎり』とか、複雑なのはダメです」……と、先生があらかじめ言ってあげましょう（ウケます）。

**3**「ハイッ！」の合図で、Aチームの全員がBチームに向かって一斉に好きな食べ物を叫びます。

 先生

「Bチームの人は、私が『ハイッ！』と言ったら、一斉にその好きな食べ物をAチームの人に向かって叫んでください」
「相手にわかるようにハッキリと！」

▶初めての時にはざわつきまくり‼　めげずにズンズンいきます。
▶先生が「ハイッ」と言う前にフライングしてしまう場合も……そのときにはことばを変えさせてやり直します。

**4** Bチームの人は、聴き取れた食べ物を手を上げて当てていきます。Aチームの人は、自分の叫んだ食べ物を聴き取ってもらえた人からしゃがんでいきます。

**5** 最後の1人が当たるまで続け、終わったら、叫ぶチームと当てるチームを交代。

## POINT

▶ **見学者にも発言の機会を**：当てるチームの誰も当てられなかったら、参加していないその他の人たちにも問いかけます。

▶ **個々の個性を見ながら**：発音がはっきりとしない。声が小さい。誰に対して発しているのかわからない人ほど、最後まで残ってしまいます。本人が恥ずかしい思いをしないように、無事に当てられたとき「最初よりずっと大きな声が出たね。すごいよかったね」など、褒めてあげましょう。

### この経験を生かして

● 「聞く」＝気持ちがなくても耳に入ってくる。「聴く」＝"よし！"という気持ちがないと聴き取れない。などの違いについても、説明してあげてください。授業や練習時にボーッとした空気が流れた時、「ほら、好き食べゲームのときのように聴いてごらん」と促すと効果的です。

# No.6 ことばの力
## ~同じことばでも「言い方しだい」で大違い~

難易度 ★★★

ことばは「言の葉」。
人の心を種にして、葉っぱが生い茂るように紡ぐものです。
同じことばでも、心の込め方、言い方しだいで、いい気持ちにも嫌な
気持ちにも、どんな意味にも変わってしまうことを理解します。
やり終わってみると、心があったかーくなると思います!!

**実施タイミング**=年に1~2回。意思疎通や人間関係でトラブルが起きたときなど適宜
**所要時間**=10分くらい
**場所**=どこでも

**隊形**=どんな隊形でも
**使うもの**=あらかじめ文字を書いておいた画用紙2~3枚(「ありがとう」「ごめんね」など簡単なことばを先生が考えてください)

## START!

### STEP1 書いてあることばを言ってみる

**1** 画用紙にあらかじめ書いておいたこと(例:「いいね」)を全員に見せます。

**2** 何も考えずに、全員で声に出して「いいね」と言ってみるよう指示します。

いろいろな言い方や、何と言っていいかわからない人なども出てきます。大丈夫。次へ……

## STEP2 条件を出す（気持ちを乗せる）

**❶** 声に出す際の条件を出し、気持ちを "想像" させながらみんなで言ってみます。

> 条件の例：「あまり気が乗らず、とりあえず言ってみる感じで」「怒った感じで」「すごく感激したふうに」「その人を上手にしたいとの想いを込めた感じで」「喜んでいる感じ」など。

**❷** その言い方はどう聞こえるか？　全体で判定させます。

> 「褒められた気がする人！」「逆にへこんじゃう人」などなど……
> 意見を言わせても、返事で答えさせてもOKです。

**❸** 画用紙のことばを変えてみます。

> 「ごめんね」「ありがとう」「大丈夫」「あ、そう」など、いろいろと変えてみてください。言い方（イントネーション）で意味が真逆になるようなことばで、日頃よく使うものをたくさん示してあげてください。

---

**POINT**

▶ **盛り上がらない場合は……**：感情表現が豊かな人、幹部やパートリーダーなど、部内の人を褒めたり励ましたりしなければならない役割の人などを指名して、発言を促してもよいと思います。

▶ **先生の表現力も大事**：全体の空気が変わらない場合、途中で「たとえばこんなふうに……」と、先生がものすごく大げさに、いろいろな条件下での、そのことばを言い分けて伝えてあげると理解できます。

# No. 7 バーチャル・ゲーム！

難易度 ★★★

## ～「あの手この手」で想像力の引き出しを増やす～

「想像力を高める」って、言うのは簡単ですが、実際は難しい。
何かを頭の中で思い浮かべて、想像する。それを表現に結びつける。
人と人とのコミュニケーションも、相手の立場や心情を思い浮かべる
力があって、初めて「共感」「思いやり」といったものにつながるのだと
思います。
具体的な小さな経験をコツコツ積み重ね、「想像の種」をまきましょう。
「頭の引き出し」を増やす……急がば回れ！です。

実施タイミング＝時間に余裕のあるときに適宜
所要時間＝10分くらい（初回のみ説明しながら20分くらい）
場所＝どこでも

隊形＝全員バラバラ。好きな場所に散らばる
使うもの＝特になし。場合によってはDVDとプレーヤー（**STEP3**のみ使用）

## START！

## STEP1 質感編

**1** 丸くて弾むものの質感の違いを表現させます。まずは「バスケットボール」をドリブルするマネ。上手にできるようになったら、「夜店の水ヨーヨー」ごっこ。

バラバラになり、"想像しながら"個々に"やっているつもりで"行ないます。各動作に、「シャカシャカ」や「ボンボン」などの擬音をつけてマネさせます。

 先生

「今から、バスケットボールをドリブルしてくださーい」（「えー??」や「できない」などの声はムシして、どんどんやっちゃいます）

 先生

「おっ、上手になってきましたね。では今度は、そのボールが突然、水ヨーヨーになりました。お祭りなんかの時に売ってる……そう、あの水風船のヨーヨーッ!!」

シャカシャカ

シャーカシャーカ

ボンボン

**2** 次は、足元の質感の違いも表現させます。

 **先生**

「こんどは下を見てごらん。スケート!!」

「はい。そこが一面の落ち葉たっぷりの公園になりましたー。どう歩くかな?」

他にも、先生のアイディアでいろいろやってみましょう!

👀 ▶「変なことをしている人」は必ずいます。そういうときには<u>名指しせずに</u>、先生が「あれ〜??」と言いながら適宜途中で止めて、わざと「ありえない」ことをして見せてあげてください(爆笑間違いなしです)。

## STEP2 重量感編

**1** まずは、2リットルのペットボトルを想像させ、重さを表現させます。

バラバラになって、先生の呼びかけに応じて、「それらしく」やらせてみます。

 **先生**

「1本2リットルのペットボトルを、両手にそれぞれ持ちま〜すっ!」

**2** 次に、軽くてフワフワしたハムスターをかわいがってあげましょう。

 **先生**

「両手の平の上に……はいっ。今、ハムスターがいます。かわいがってね〜!」

▶ ここでも「おかしなこと」がいろいろと起きます。何をしてもあまり変わらない子もいます。

▶ そういうときも名指しせずに、「そんなに軽い？」「うーん、もっと腰を落とさないと持ち上がらないよ」「ハムスター、それじゃあ逃げちゃうよ」などの声掛けをしつつ、先生もやって見せてあげてください。

▶ 「うーん!!」とか「いい子いい子」など、声に出して動作を付けると「それらしくなる」ことを、助言してあげてください。

## STEP3　感情移入編

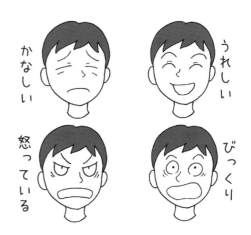

**❶** 個人個人で顔や体全体を使って、「喜怒哀楽」それぞれを表現。

　　生徒たちは、恥ずかしいので大騒ぎ!!　キャーキャー笑っちゃったら、「そう！その顔！」と褒めちぎります。

**❷** オペラのアリアの名場面を、わざと消音して見せます。

　　「この人、今、どんな歌うたっていると思う？」と質問します。

　　「かなしい」とか「うれしい」などの答えが出たら「どうしてそう思ったの？」と、また質問。大切なのは「表情なんだよね〜」というところにもっていきます。

## おまけ！　色彩感編

四季を通じて、季節の移り変わりがもたらす「色の変化」に気づかせることも大事！　練習場の中だけにいるとわからないことが、たくさん見つかるはずです。例えば……

・晴れた日の夕暮れどき、練習を中断して夕焼けの変化をみんなで"じーっ"と見る。

・雨上がりの太陽の日差し、雲の色を見る。

・いろいろな「色」を知る（例えば「赤」なら、いろいろな赤い色の花を見比べる）。

・晴れた日の休日練習はみんなで校庭に出て、お弁当を広げ、青空や、木々の葉っぱが日差しを受け光る様子を見る。

・台風が来たら、その雲の流れや色を見る。

　……他にもいろいろなアイディアで。

……そんなヒマはないっ!?　うっ……確かに。ちょっとした「すきま」を使って、できるものから少しずつやってみませんか？　忙しいときこそ「ヒマを作ったら、余裕が生まれる」なんてこともあります（たぶん）。

**POINT**

▶ **突き詰めません**：演技力をつけることが目的ではないので。

▶ **叱らない**：できた時だけ「褒めちぎる」。

▶ **現場にはいろいろな気質や個性を持つ子どもたちがいますね**：その場合、たとえ自分ができなくても、周囲の子どもたちの様子の変化には気づくと思います。それで十分素晴らしいと思います。

▶ **先生も一緒にやりましょう**（これ大事）：みんなも嬉しいし、ご自身の勉強にもなります。

**この経験を生かして** ・・・・・・・・・・・・・・・・・・・・・・・・・・・・・・・・・・

● 作品理解や演奏表現の場で活用させてください。こうして積み重ねた「頭の引き出し」を使わせて、子どもたちにどんどん発言させましょう。先生が先にすべてを語ってしまうと、せっかくの引き出しが開けられません。

● 「思いやり」とは、想像力です。「相手の身になる」「その人の状況を想像する」人間関係においても同じですね。人間関係でトラブった時にも、応用させてください。

# Ⅱ

# 集中力UP

「集中して！」と、注意する場面も日常の中で多いですよね。
ことばで言うのは簡単ですが、みなさんはいかがですか？
何をするにも必要な「集中力」。
言われてつくものでもなし、一度切れたらよみがえらせる
のはなかなか難しい。
これぱかりは本人が覚醒しなければなりません。
部活動でも授業でも、サッと気分転換ができる。
意表を突く「緊張」や「笑い」「驚き」で、スーッと戻ってくる。
集中する力は、ほとんどの人たちが持っています。
大切なことは「よみがえらせること」。

このパートⅡでは、そんなこんなの「ちょっとしたヒント」
をご紹介いたします。

# 肩たたき競争

## ～子どもも大人も"あっという間"に頭スッキリ!～

ただの「肩たたき」です。その場に起立して行ないましょう。
しかし、なめてはいけません!! 真剣にやることに意味があります。
「集中力が切れてきたな」と思ったら……ぜひ、お試しください。

**実施タイミング**＝子どもたちが目を開けたまま気
絶しているようなとき

**場所**＝どこでも

**隊形**＝どんな隊形でも

**所要時間**＝1分くらい

**使うもの**＝特になし

## START!

**1** 生徒たちと向き合うように立ち、下のイラスト
のように手のひらで肩をたたきます。

先生

「先生と同じように肩をたたいて!」

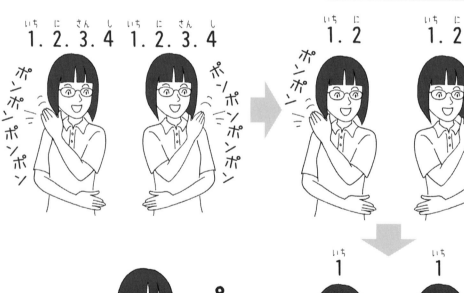

まずはゆっくり、♩＝100くらいの速さでやってみます。

これだけ。

「なんで～」「かったるい」……との声があがっても「ムシ」。先生自らが「楽しそうに」肩をたたきましょう。

**2** ゆっくりと1 ～ 2回行なって生徒たちが理解できたら、超高速で「先生と競争‼」します。

これだけ。

ギャーギャー大騒ぎになったら、大成功です。

いきなり、♪＝208以上の超高速でやると盛り上がります。先生が生徒に負けてはカッコ悪い（笑）……なので、頑張ってくださいね‼

▶先生は大きな声で「1・2・3・4」とカウントを入れましょう。

## POINT

▶先生が「負けないように」：特訓！ しておくとよいと思います。

▶突き詰めません：ダラダラやる気のない人がいても、「立って動く」だけでも違ってきます。いくつになっても、競争好きはたくさんいます。全体の雰囲気をパッと変えることを大切にしてください。

# 立つ！ 座る！

## 〜「見る」「動く」で、あっという間にシャッキリ集中！〜

立ったり座ったりを真剣にするだけで、頭がスッキリ覚醒します。
えーっ!? まさか〜。いえ、本当です。
絶対に声出しちゃダメ!!　大切なのは「やり方」です。
お試しください。
集中力……戻ってきます!!

| | |
|---|---|
| **実施タイミング**＝全体にダラダラ感が漂ってるなと感じたとき | **場所**＝どこでも |
| **所要時間**＝1分くらい | **隊形**＝どんな隊形でも |
| | **使うもの**＝特になし |

## START！

**❶** 生徒のほうを向いて何も言わず、両手をおもむろに上げ、生徒が起立したら手を下げて着席させます。このとき、<u>絶対に声で指示出ししません、無言で</u>。

　生徒を「立たせて」「座らせる」、ただそれだけの行為です。

　ざわつく生徒をムシして、手の動きだけで、サッと起立と着席をさせます。ダラダラしているうちはダメ。バラバラだったり、まったりしたまま終わらせません。2〜3回行なうと全員がするようになります。

**❷** 全員ができたら「よしっ!!」と褒め、サッと「本題」に戻ります。

### POINT

▶ **ここは「突き詰め」ます**：全員がパッとできるまでしっかりとやることが効果的。……でも、見ていなかった人を個人的に責めない。叱らない。肝心なのは"見ている人だけ"がわかること。すると気がついた人から、だんだんと行動していきます。

▶ **「無言」が大事**：「ハイ、立ってぇ〜」「座ってください」など、先生が声に出さないことがポイント！

# No. 10 集中力、一発回復ゲーム
## ～「聞く」から「聴く」へ！ 耳をすまして気分転換！～

難易度 ★

「聞く」ことはできるけれど「聴く」ことはなかなか難しい。
音楽活動でも日常生活においても「聴く」力を育てることは大切ですね。
必要な音とは何か？　集中力も一発回復できます!!

**実施タイミング**＝私語が多く集中しないな……と感じたとき
**所要時間**＝2～3分

**場所**＝どこでも
**隊形**＝どんな隊形でも。着席のまま
**使うもの**＝特になし

## START！

### STEP1 「何が聴こえましたか？」

**1** 生徒全員に、目を閉じさせます。

**2** 目を閉じたまま、その場の聴き取れる音すべてを聴き取るよう指示します。

 先生

「先生が『ハイ！』と言うまで目を閉じて、みなさんの耳で聴き取れる音を全部聴き取ってください。何の音かわからないときには、ギーとかガアーとかでもかまいません。あとで発表してもらいます」

「えーっ」「何それ～」とか、不穏な空気が漂ってもムシ。ズシズシ進めます。

**3** 10秒たったら「ハイ！」と声をかけ、1人ずつ聴き取れた音を発表してもらいます。

**4** 出尽くしたら、「では、もう1回だけしてみよう」と繰り返します。
2回目は格段に集中します（挙手率も上がります。ホントです）。

 ▶1回目は、全員の手が上がらない場合があります。これは、<u>聞こえているのに、それを聴き取るべき「音」と認知していない人</u>が多いからです。責めずにスルーしましょう（他の人の答えを聞いて、「あ〜そうか」と理解していきます）。

▶ちょっと静かな環境だなと感じたら、窓を開けたり、途中でカスタネットやタンバリンなど、意図的に音を混ぜても効果的です。

▶全部「正解」。場所や時間帯、環境によってその都度、「音」は変わります。

▶褒める！ 「みんなすごいねぇ。これって普段、聴こうと思っている音ですか？」と尋ねてみてください。<u>いつもは気にしないけれど、今は気にした。だから「聴こえた」</u>ことに気づかせてあげましょう。

## STEP2 「私はどこでしょう？」

**1** ▶STEP1同様、生徒全員に目を閉じさせ、今度は先生がいる場所を当てさせます。

先生

「今から私が歩き、どこかで止まります。みなさんは正面を向いたまま、"止まったな"と思ったら、その方向を指さしてください。目はまだ開けないでね」
「私が『ハイッ！』と言ったら、目を開けてみましょう。当たっていたらすごい！声を聴いてから指し直すのはルール違反ですよ」

**❷** 生徒たちの周りを歩き回って立ち止まります。生徒たちは、「ここかな?」と感じる方向を目を閉じたまま指します。

**❸** 「ハイッ」と言って、生徒に目を開けて位置を確かめさせます。

**❹** ①〜③ができたら、以下のグレードを設定して計3回行ないます。
　子どもたちはグレードアップが大好き‼　むんむんやる気を出します(ホント)。

- 「初級」＝わざと足音を立てて簡単に(ほぼ、全員が正解します)。
- 「中級」＝最初は足音を立てて、だんだん静かに歩きます。リズムもつけて複雑に(先生の演技しだいで正解率が変化します)。
- 「上級」＝「いよいよ上級!　これがわかったらすごい‼」と、持ち上げてから……最初は静かに歩き、あるところから上履き(靴)をぬいで「そろ〜」と。生徒たちの列の中を通ったり、誰かの正面に立ったり。目を開けたとき、正面に立たれた生徒の驚く顔にみんなの空気が和みます(ウケねらい)。

▶先生の"演技力"が必要です。「そろ〜」と「ドンドン」の違いにメリハリをつけて。
▶「ハイッ」と言う前にはしばらく静寂を保ち、多くの子どもたちがどの方向でもよいので、指さしを行なっていることを確かめましょう。

**POINT**

▶ **「気配」にも関心を持たせる**：「上級」で当てた人には、「何で分かったの？」と尋ねてみましょう。きっと「においがした」とか「風が当たった」「何となく」などの答えが出てくると思います。これは「気配」ですよね。ここまで感じられた人はすごいです。褒めちぎりましょう。

▶ **すぐに元の作業に**：ゲームが終わったら、ゲーム以前に行なっていたことを続行します。全体が落ち着きを取り戻し、集中していることをきっと実感できると思います。高校生などは理論（下記）を説明してあげると、より喜びを持って取り組める場合もあります。臨機応変に指導されるとよいと思います。

## この経験を生かして

● このゲームは「サウンドスケープ」という理論に基づいて行なわれています。
● あらゆる場面で活用できます。この手法を用いて、人の話が聴ける、落ち着いた学級経営を達成した実例もあります。

### 〈ちなみに…〉

　以前、山の中で合宿をしたときのことです。夜、外に出ると「ガーガーガー」というものすごい音がしていました。宿舎の方に「このすごい音は何ですか？」と尋ねると、「えっ？　音なんてしていませんよ」と……「いえいえ、この『ガー』という音です。聴こえるでしょ」とさらに言うと「ア？……あぁ〜、これですか。これはね。カエルッ！　田んぼのカエルが一斉に鳴いているんですよ」と。

　「毎日のことだから気にもしていませんでした」「へぇ〜カエルの鳴き声って、たくさんだとこんな音に聴こえるんですね」と互いに笑いました。

　これは"ある音"に慣れてしまった人と、慣れていない人との"聴き方"の違いを示す一例だと思います。

# リフレッシュ点呼！

## ～ただの点呼で、こんなに達成感？
### 「おかえり～っ！ 集中力」～

よく訓練された集団でも、集中できる時間には個人差があります。
何となく空気がどんよりしてきたなと感じたとき、やってみましょう。
コツは、相手を感じることです。
たかが点呼。されど点呼。ピシッと終わったときの達成感は格別です!!

**実施タイミング**＝ダレたな……と思ったとき
**所要時間**＝それぞれ1周終わるまで（1回で終われば1分くらい。最後まで行き着かなければ、「終わるまで、終われない」）
**場所**＝どこでも

**隊形**＝そのときの状態のまま起立。少し移動して大きな輪を作る
**★注意点**……30名前後までの場合は1つの輪。それ以上の場合は、人数に応じて2つ、3つと作る
**使うもの**＝なし

## START！

**①** 起立して、大きな輪を作ります。

**②** 何も指示せずに「はい!!○○さんから点呼」と、いきなり始めます。

右足（かかとで床を踏み鳴らす）や右手（太ももを軽くたたく）でテンポを刻みながら全員で点呼していきます。

初めてやる場合は、事前に♩＝80くらいのテンポをメトロノームなどで確認してから開始。

2回目以降はいきなり開始します。

**③ 途中でかんだり、止まったらもう一度最初から始めます。**

やり直しをする場合、開始は前回と別の人から（数えて覚えちゃうので）。

止まらずに点呼が一巡するまで終わらせません（先生があきらめちゃダメ！）。

▶数字の言い方を統一させます。「4」は、「よん」ではなく「しっ」。「7」は、「なな」ではなく、「しちっ」。十の位に入ると、難しい……緩みがちです。「14」は「じゅうよん」ではなく「じゅうしっ」。「17」は「じゅうなな」ではなく「じゅうしちっ」という具合に、四分音符1拍にすべてが入るよう、ピシッと発音を締めます。

**④ 一度でピシッ！ と終わればそれでおしまい。**

素晴らしい‼ 集中力があります。練習や授業を再開しましょう。

---

**POINT**

▶**先生があきらめない**：「あー、もう終わんない」とか「時間の無駄」とかイライラして途中でやめないことが肝心です。「終わるまで終わりません！」と宣言しましょう。二〜三度目あたりから、全員の空気が変わります（たぶん）。こうなると、最後まで行き着いたときの「達成感」がハンパではありません。人数が多いほど、達成感も大きい。冗談のようですが、これでシャッキリした空気がよみがえります（ホント）。

# 誰でも弾ける！ ピアノ伴奏ガイド

　ここから先（表現力・聴く力・リズム感）では、吹奏楽、音楽授業、音楽系部活動などで、活用できるゲームのご紹介が多くあります。

　各No.のタイトル下にマークがあるゲームは、ピアノなどの鍵盤楽器があったほうがよいゲームですが、「ピアノが弾けない〜」という先生でも心配ご無用！

　鍵盤の音域を参考にしながら、指1〜2本で弾けるものや、下のA〜Cパターンのように指3本で弾けるものがほとんどです。

　ピアノの弾ける方は自由に!!　ピアノの弾ける生徒さんに任せても大丈夫です。

## 【音域】

　No.15音模倣［中音域］、No.17「ド・ミ・ソ」で遊ぶ［中音域］、No.18「ド・ミ・ソ」であいさつ［中音域］、No.20内声さがし［中音域］、No.28手・足でリズム・テンポ！［中音域］

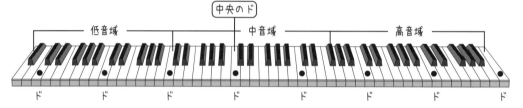

## ■Aパターン

　No.12チョンパッ！ゲーム［全音域］

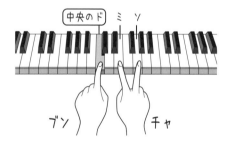

## ■Bパターン

　No.23ボールでビート！［中音域］、No.26今、何拍子？［中音域］

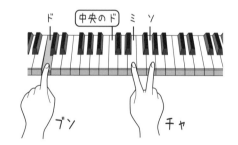

## ■Cパターン

　No.13汽車ぽっぽゲーム［全音域］、No.21歩く！［中音域］、No.22足とび［中音域］、No.27手・足で拍子・リズム！［中音域］

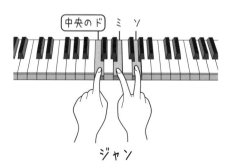

# 表現力UP

表現力ってなんだろう？　いつも思います。
何かを想像できる。共感できる。感情移入ができる。
経験を蓄積できる。頭の中にたくさんの「引き出し」を作る
ことができる。
それらを自分の言葉や楽器や身体を使って人に伝えられる。
そんな力ではないでしょうか？

喜怒哀楽を表情に出すことが苦手な人であっても、
"心"では感じられる人になってほしい。
こういう力って、音楽に限らず、人が生きて行くために必
要な力ではないかと思うのです。

このパートⅢでは、音のイメージを身体で表現する大切さ
を、楽しく体験するゲームをご紹介いたします。

# チョンパッ！ ゲーム
## ～音の質を感じられる「身体」を作る～

音の質ってなんでしょうか。強弱とは違いますね。
「豊か」「厚い」「柔らかい」「硬い」「重い」「痛い」「尖った」「丸い」……
音に対するいろいろなことばの感覚を磨き、それを幼児の頃の手遊び
歌に出てくる動作にのせて表現します。
想像して身体で表現……小さな経験が音楽の表現力の幅を広げます!!

**実施タイミング**＝適宜
**所要時間**＝5分くらい
**場所**＝ピアノまたは鍵盤楽器があれば、どこでも
**隊形**＝2人1組。奇数の場合は3人でも可（人数が
多い場合は、やる人と見る人を分けるなど、一定

の空間を確保できるよう工夫してください）
**使うもの**＝ピアノ、なければ電子ピアノ、または
ペダルを付けられるキーボード

🎹 **p.38　Aパターン［全音域］**。必要に応じてペ
ダル（ピアノの場合は、右側）を使用します

## START！

### STEP1　基本形

**❶** 生徒に、2人1組になって、向き合うよう指示します。

なるべく他パート、他学年同士で
組ませましょう。
「えーっ」とか「うーっ」とかザワ
ザワしても、先生が誰か1人と組
んで、ズンズン説明を始めましょ
う。黙ります（……たぶん）。

**❷** ピアノに合わせてチョンパッ！

ピアノを「ブン・チャッ」と2拍子
で、元気よく弾き（最初は♩＝
100くらいで。ペダルなし）、生
徒たちはその音に合わせ、「チョ
ン」で自分の両手をたたき、「パ
ッ」で双方の片手（右手・左手同
士）をたたきます。

▶拍（ビート）を、身体全体で感じましょう。コツは「ひざの曲げのばし！」

▶「悪い例」もやらせてみて、どちらが気持ちいいか実感させましょう！

手だけ

直立不動

## STEP2　音質を変えて

**❶** ピアノのテンポや音質を変えて、生徒たちにその音のイメージに合わせたチョンパッ！をさせます。

　　次ページの例のように、いろいろな音質で試しましょう！

・元気よく➡♩＝100くらい。スタッカートで。

・柔らかく➡♩＝40くらい。右端のペダルを踏みます。

・可愛らしく、優しく➡高音域を使い、♩＝72くらい。

・速くしたり、遅くしたり。

・重く、激しく、強く➡低音域を使い、♩＝52前後くらい。

指だけでチョンパッ！したり、小さくしゃがんだり、ジャンプしたり……生徒たちが恥ずかしがっていたら先生が見本を示してあげましょう！

**❷ 褒めて、拍手で終了。**

雰囲気を盛り上げて終わると、次回への意欲につながります（叱って終わらせません！）。

## POINT

▶**1回でパーフェクトを目指さない**：静かにさせて、きちんとやって……と、突き詰めない。ザワザワしても、笑い声が起きるくらいでちょうどよいのです。リラックスして、音を聴く習慣を「少しずつ」身につけることが目的です。

▶**余裕を持ちましょう**：ピアノの弾き方など、だんだん慣れていくものです。

▶**時々「合ってない」コールを**：「耳で聴く」ことを思い出させます。

▶**褒めます**：「いいねぇ」とか「すごいっ」とか「その調子」……とにかく褒めます。

▶**ゲームの途中に「どんな音に聴こえる？」と質問します**：子どもたちは音を比較的「大・小」「高・低」だけで捉えがちなので、慣れてきたら、先生が言葉をかけて、いろいろな感覚に気づかせてあげてください。「硬い」「柔らかい」「重い」「軽い」など。

## この経験を生かして ・・・・・・・・・・・・・・・・・・・・・・・・・・・・

●実際の合奏や演奏練習のときに、「ここはどんな音の感じで演奏したらいいかな？」と、質問をしてみてください。少しずつでも「柔らかく」「しんみりと」「硬く」など、断片的にでも「音質」に関わることばを引き出していきましょう。「しーん」として何も出てこなかったら、「ほら、チョンパッ！　のとき、いろいろやったじゃない」と、思い出させてあげてください。

# No. 13 汽車ぽっぽゲーム
## ～音の質を感じ取って「相手に伝える」～

難易度
★＋

No.12〈チョンパッ！〉と同様、音の質を考え、身体で表現します。〈チョンパッ！〉は、双方向ゲーム。今度は一方通行です。

後ろに立つ人が前の人に、聴こえた音を「伝えよう」と思い、前の人は「受け取ろう」としないとうまくゆきません。

最初はただひたすら遊んでいますが、しだいに「指先」「手のひら」の感覚が大切なのだとわかってきます。「伝える」ことは意外に難しい……

汽車ぽっぽも、幼児の頃の遊びのひとつです。聴く力が育ちます!!

**実施タイミング**＝適宜

**所要時間**＝5分くらい

**場所**＝ピアノまたは鍵盤楽器があれば、どこでも

**隊形**＝2人1組。奇数になった場合は、3人で（3人の場合は、号令のたびに前後の人を入れ替えます）。立ち位置はバラバラで。好きな方向へ歩き出します（人数が多い場合は、やる人たちと見る人た

ちを分けるなど、一定の空間が確保できるよう工夫してください）

**使うもの**＝ピアノ、なければ電子ピアノ、またはペダルをつけられるキーボード。

🎹 **p.38　Cパターン[全音域]**。必要に応じてペダル（ピアノの場合は右側）を使用します

トントン

チョンチョン

## STEP1 基本形

**1** 2人1組で前後に並び、後ろの人は前の人の肩の上に手を置き「汽車ぽっぽ」になって、1組ごとにそれぞれ好きな方向に歩くよう指示します。

男子にも、臆せずに女子から声をかけさせましょう！（男子からでもいいんですよ）
「えーっ」とか「うーっ」とか……ムシ！

**2** ピアノでド・ミ・ソの音を同時に弾き（ペダルなし）、そのテンポに合わせて歩かせます。

最初は♩＝100くらいの速さで。慣れてきたら、♩＝50〜208以上の高速までの間でテンポを変えます。

**3** 「汽車ぽっぽ」の後ろの人は、その「音」を伝えるように肩を手のひらで軽くたたき、前の人はたたかれた通りに進みます。

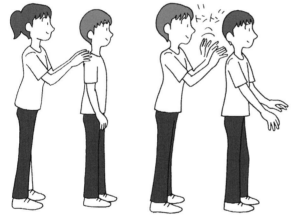

**4** 歩いている途中で合図を出し、後ろと前を交代させます。

 先生

「ハイッと言ったら、クルッと反対方向を向いて、後ろの人と前の人は交代しましょう」

交代するたび「キャー」とか「ギャー」とか歓声がわき、楽しい雰囲気になります。特に速いテンポでクルクル交代させると大混乱になり、盛り上がります。

▶ふざけて突き飛ばさないよう注意を。危険！
　（小中学生は、けっこうやっちゃいます）

## STEP2　音質を変えて

**❶** **STEP1**に以下のような音質の変化を加えます。

　p.38のピアノ図のいろいろな音域で、ペダルを踏んだり、スタッカートにしたりして、さらに音質を変えます。

- ・元気よく➡[中音域]。♩＝100くらい。スタッカートで。
- ・柔らかく➡[中音・高音域] ♩＝40くらい。ペダルを踏んでレガートで優しく。
- ・硬く、または柔らかく➡[高音域] のあたりで、可愛らしく、優しく。♩＝72くらい。
- ・重く、遅く、激しく➡[低音域] のあたり。
- ・速く、遅く（テンポの変化）➡ドンドン速くしたり、遅くしたりします。[中音域]。

**❷** その音質の変化を後ろの人は肩をたたいて伝え、
前の人はそのイメージを歩きで表現します。

先生

「後ろの人は音をよく聴いてね。前の人は
肩の手の通り歩いてください」

元気

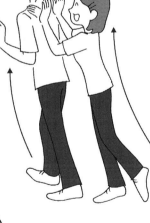

ガンガン

ちょこちょこ

▶適宜、途中で止めます。「それらしい」変化を表現しているペアを見つけたら、全員を座らせて、やってもらいましょう（ここで大拍手）。

▶どんな音にも変化が見られなければ、「例えばね」と先生が誰かを相手に、身体の使い方の手本を示してあげましょう。

## POINT

▶**突き詰めない**：静かにさせて、きちんとやって……はNGです。

▶**1回でパーフェクトを目指さない**：動きもだんだん「工夫」するようになります。

▶**ピアノの音がグチャグチャになっても気にしない**：ピアノの弾き方など、だんだん慣れてくればよい、と余裕を持ちましょう。

▶**「耳で聴く」ことを思い出させます**：時々「えーっ！　ホントにそんな音してる？」と声掛けを。

▶**褒めて、拍手で終わります**：雰囲気を盛り上げて終わると、次回への意欲につながります。

▶**いつも1人になってしまう子や、特別なこだわりがある子など、配慮が必要な子どもたちには……**：事前に誰か誘ってくれる人を（それとなく）探して頼んでおくなど、集団の事情に合わせて配慮してください。

# No. 14

難易度
★★

# 鏡ゲーム！
## ～フレーズのまとまりを、旋律や和声から感じよう～

「フレーズのまとまりを長く感じましょう」「歌いましょう」とは、どういうことなのでしょうか。

旋律と伴奏のエネルギーを「聴くこと」によって、まとまりを感じ取っていく……鑑賞授業にも使えます。

特にゆったりとしたフレーズのまとまりを感じるゲームです。

最初はキャーキャー、やがてワクワク！ 音楽の世界を泳ぎましょう!!

**実施タイミング**＝比較的時間に余裕のあるときを利用。年に数回

**所要時間**＝説明込みで5〜10分くらい

**場所**＝どこでも

**隊形**＝2人1組

**使うもの**＝CDプレーヤーとCD（音楽＝耳に慣れ親しんでいるものなら何でも。2〜4分くらい）。なるべく柔らかく、フレーズの美しいもの。例えば《星に願いを》、《グリーンスリーブス》、エルガー《愛の挨拶》、マスカーニ《カヴァレリア・ルスティカーナ》より〈間奏曲〉、サン＝サーンス《白鳥》、など。管弦楽曲や弦楽合奏の作品などがお勧めです

## START！

## STEP1 準備編

**1** 2人1組で向き合って鏡役と人間役を決めさせます。

互いの間隔は1メートルくらい。手のひらの間隔は10センチくらい。

 **先生**

「今から2人1組になって、鏡役の人は向かい合った人のカガミ（鏡）になります」

……と言っただけで「えーっ」とか「はあ？」とか、ザワつきます（たぶん）。ひるまずにズンズン進めます。

 **先生**

「先に人間役になる人を決めます。決め方はジャンケンでもなんでもいいでーす。交代で、どっちもやりますからね」

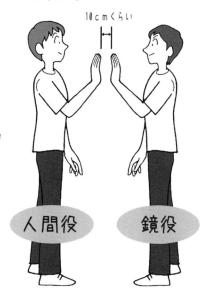

10cmくらい

人間役　　鏡役

**②** ①の姿勢から、人間役の右手の動きに鏡役がピタッとついていく「ミニゲーム」をします。

 先生

「まず人間役は、"右手"を上げてください。はい。鏡役はどうしたらいいでしょう?」

時々人間役と同じ"右手"を上げてしまう鏡役がいるので、チェックしてあげましょう。そのまま人間役の動きに合わせ、鏡役はピタッとついていきます。
10秒くらいしたら「ハイッ!」と言って交代させます。

▶ここまでくるとキャーキャー大騒ぎになります。また、手を上下・左右に激しく動かし「動作の速さを楽しむ」人たちも現れます(最初は楽しむことも大切な動機づけになります)。
▶そういうときには、一度すべて止めて、以下の注意点を確認します。
 ●合わせる焦点は、人間役の「右手の手のひら」
 ●動作はなるべく「ゆっくり」
 ●ひざを曲げて、大きくゆったり「全身を使う」
 ●お互いに「右手の手のひら」から視線を離さない
▶全体を座らせて、先生が誰かと組んで、動きをやって見せてあげるとわかりやすいです。

## STEP2 本番！ 鏡ゲーム

**1** いよいよ音楽を聴きながらの「鏡ゲーム」。

最初は《星に願いを》などの短くゆったりとしたポピュラーな曲を選びましょう。

**2** 曲のフレーズの大きな流れに合わせて身体を動かすよう指示します。

 先生

「少しずつ静かに動かしましょう！」（のばしている音、動きの振幅が少ないところでも、動きは止めない）

「私を見て〜！！」と、先生がお手本を見せながら行なうと、わかりやすいです（可動域を広げてあげます）。

 先生

「拍子を刻まない！」（小節線を越えて、大きくフレーズを感じ取れるように！）

まねして！

**3** 適切な曲の切れ目で「ハイッ」と言って役目の交代を繰り返し、最後は拍手で終わります。

「よかったね」「すごく感じが出ていた」と、褒めてあげましょう。

▶最初から「突き詰めない」。だんだんと慣れていきます。最初からダメ出し連続だと、空気が沈んでしまいます。

無表情

拍をきざむ

手だけ

×

▶ 他の組と同じでなくてよい……「全部正解」：例えば、フレーズの終わりが上でも下でも、感じ方はそれぞれです。最初はどんな動きでもスタイルでも、全体として違和感がなければ全部「いいね」と認めてあげましょう。むしろこんなに人によって感じ方が違うんだ、と理解することの方が大切だと思います。

▶「聴き取る」ことへ導く：「柔らかい・硬い」「重い・軽い」「明るい・暗い」「冷たい・温かい」「楽しい・悲しい」「深い・浅い」など、手を動かす行為を楽しませたら、フレーズの流れやまとまりを聴き取ることへ導いてあげてください。うまくいかないときは全体を止めて、「どんな感じのする音楽」か問いかけ、いろいろな「ことば」を引き出してあげてください。それから再開してみましょう。

▶ 和声の変化からも、動きを変えられることに「気づく」：最初は旋律の動きだけを追えたら充分。慣れてきたら、同じフレーズの繰り返しであっても使われている和音が違う、借用和音で変わった感じがする、転調で雰囲気が変わった……など、低音やハーモニーの変化に気がついて、表情や手の動く方向が変えられる「耳」が育ったら……素晴らしいことだと思います。

## この経験を生かして

● 慣れてきたら、合奏など練習の場で使い、そのとき取り組んでいる曲でも挑戦！
マーチだったらトリオの旋律。オリジナルであれば中間部のゆっくりとした旋律・対旋律。編曲ものであれば、アリアや主題、カデンツァなど。大きくなめらかなフレーズだけを取り上げます。
● 歌いながらの「1人鏡ゲーム」にも挑戦！
練習の場で全員が起立し、1人1人、一斉にやってみます（前に鏡がいると想像して）。
そのフレーズを「ららら～」と声に出して歌いながらやるとさらに効果的です。ゲームが終わったあとに演奏してみてください。劇的変化、間違いなしっ！です。

# Ⅳ

# 聴く力UP

学校現場は大変忙しい。先生がついていられない場合が多いものです。
やっとの思いで練習場に行っても、音程が合わない、ハーモニーが汚い、
バランスが悪い……と。
本当はもっと音楽的な指導がしたいのに〜っと、イライラすることあり
ませんか？

もっと効率のよい練習がしたい。
基礎練習を、実際の演奏に生かす力がほしい。
急がば回れ……それは「聴く力」を育てること。
そのために声に出して歌ってみることは大切だと思います。

「ソルフェージュ力」というと何だか難しそうです。
でも、人間に備わっている楽器「声帯」を使って声を出す、歌う。耳を
使って聴く。それがソルフェージュの第一歩です。

……ということで、このパートⅣでは、ソルフェージュ "的" ワークを
まとめました。
先生方の普段のご指導の、土台のひとつにしていただければ幸いです。

# 音模倣
## ～まずは声に出して歌ってみよう～

ポーンと鳴ったピアノの音をすぐに声に出してみる――
チョーかんたん‼……いえいえ。それが意外と難しいんですね。
正しい音程で「音模倣」することは、聴く力・正しい発声なしでは実現
しません。コツコツ毎日、1分でも2分でも続けてみてください。
みなさんの音楽活動にきっと思わぬ形で生きてくるはずです（たぶん）。

**実施タイミング**＝練習前、できれば1分でも毎日
**所要時間**＝2～3分
**場所**＝どこでも
**隊形**＝どんな隊形でも。起立して

**使うもの**＝ピアノ（または電子ピアノなど。ハーモニーディレクターの場合は平均律になおしておく）
🎹 p.38　[中音域]

## START！

**1** 先生（生徒でも可）がピアノの音を1音だけ弾きます。
　　真ん中の「ド」から、1オクターヴ上の「ド」の間の白鍵、黒鍵いずれかの1音を1秒くらい鳴らします。ペダルは使いません。

**2** その音を生徒に、「あー」でも「らー」でもよいので、声に出して模倣させます。
　　声を出すのも1秒くらい。先生はすぐに別の音を弾くので、その音が聴き取れるようにします。

**先生**

「合ってませーん」
…ここでみんな「えっ?」と、耳をすまします（合ってません効果）。

**❸ 近くの別の音で、何度か繰り返します。**

👀 ▶音域が狭くて、音模倣そのものがまったくできない人もいます。その場ではどうにもなりません。別の機会に個別に見てあげてください。

▶「1人ずつ」は、絶対にダメ……慣れてくるとつい、気合が入り「では1人ずつ」となりがちですが、逆効果です。萎縮して声も出ず、音程にもならず、何より楽しいゲームになりません。「できたような気持ち」になれる、そのうちできるようになる、くらいの気持ちで先生も楽しみましょう。

▶正しい発声でないと音程は合わないことを、指摘してあげてください。口角が下がれば音程も下がり、のどが開いてなければ音は鳴りません。姿勢がよすぎても悪すぎても、充分な呼吸ができません。正しい発声は音程だけでなく、「音質が揃う」ことに気づけたら素晴らしいと思います。

**POINT**

▶**「合ってない」で、「聴く力」を育てる**：子どもたちは、歌いやすい音域での単音模倣なんて、「できるにきまってるじゃん……」と、簡単に考えがちです。「え？ 今の音程、合ってないよ」と、声掛けすることで、ハッとします。「聴くこと」を意識させる大事なキーワードです。

▶**発声が整っていない場合は……**：そこで何とかしようとせずに、次には「う～ん。少しいいかな？ 惜しいっ！」などの声掛けで、集中力を持続させましょう。

▶**「褒め」て「終わる」**：少なくともよくなってきたら「合ってきた。すごーいっ！」などの声掛けで「褒め」ましょう。「合ってる」「合ってない」「うーん」「惜しい」などの問答を続けて、最後は「よくなったっ!!」で終わることは大事です。すると、子どもたちは（ゲームですから）勝利して次への意欲へとつながります。

▶**子どもたちで係を作る**：最初は先生がついて、できるようになったら「音取り係」とか「ハーモニー係」「ソルフェージュ係」など、この先のメソッドも視野に入れた係名をつけて、子どもたちだけでできるようになれば一番よいと思います。

**この経験を生かして** ••••••••••••••••••••••••••••••••••••

● 先生もどうぞご一緒に。気分転換にもなりますし、意外と難しいことに気がつくかもしれません。

● もし、楽器が目の前にあったら……この練習後、同じことを楽器でしてみましょう（歌って→吹く）。シ♭（実音）の音1つだけでもやってみましょう。驚くほど音程が合うと思います。

# 校歌体操
## ～声を出すことへの抵抗感を減らしましょう～

「校歌」は行事のたびに歌うもの。なのに意外と練習していない……。
部活動内で「毎日歌う習慣」作りの中で校歌も入れてしまいましょう。
ソルフェージュの基礎的な力を高めます。
美しく歌えれば、全校生徒の中でも目立つし、学校の役にも立つ。
お得っ!!　ただ歌うだけじゃおもしろくない。
どうせ歌うなら、筋力もついて、変化があって、楽しみながら……

**実施タイミング**＝できれば練習前に毎日行なうと効果あり
**所要時間**＝校歌全曲の時間
**場所**＝どこでも

**隊形**＝合唱隊形、かつ、すぐ2人1組になれるように
**使うもの**＝ピアノ、またはキーボード（「おまけ」のみ使用）

## START !

**❶** ▶「歌う理由」を明確にするために、事前に説明します。

> 先生
>
> 「集会や行事のときに吹奏楽部（例）がきちんと校歌を歌えば、他の生徒たちもきっと恥ずかしがらずに歌うようになると思う。これって学校の役に立って、それで練習にも役立つすごいことだね」

と、歌うための動機づけをしてあげてください（発声練習ができているチームは、より美しく歌うことを目指します）。

**❷** ▶校歌を伴奏なしで歌わせます。

「伴奏なし」のア・カペラで行ないます。ピアノ伴奏で歌い慣れていると、最初はか細く心配な感じですが、励ましながらア・カペラを貫いてください。伴奏に頼らず、自分の声を「聴く」習慣をつけることが大切です。

▶「出た音から歌いだす」としてもかまいません。または最初のうちは、キーボードなどで校歌の出だしの音だけ弾いてあげてから始めてください。

▶「歌詞を覚えていない」と練習になりません。まずしっかりと校歌の歌詞を確認して覚えるまで、普通に歌わせましょう。

**❸** 校歌の1番と2番を「手押し車」で、3番を脱力して歌わせます（伴奏なし）。

**先生**

「では始めます。2人1組になってください」
「手押し車って知ってる？」（……と、説明）
「1番と2番は、互いに交代して……」

ブーブー文句言いながらも、子どもたちは
楽しくやります（おそらく）。

**先生**

「3番は、立ったまま自由に脱力して…」

思い思いにリラックスしながら……
フニャフニャしててもOK！　でも歌
はちゃんと歌うよう声掛けします。

## おまけ！ 全員が歌える「混声合唱」を使ってみる

**①** ピアノ伴奏を入れて、より美しいハーモニー感を身につけさせます。

校歌を抵抗なく歌えるようになったら、今度は混声合唱（小学校は同声合唱）に挑戦してみましょう。「校歌体操」のあとに部内でのパートに分かれて歌ってもいいし、練習の最後に合奏隊形のまま全員で歌ってもよいと思います。

▶ここで初めて「伴奏」を入れてみます（ピアノが弾ける生徒に弾いてもらいましょう。CDをかけてお手本の歌と一緒に歌わせるのは避けたいことです。お手本の声に頼り、自分の声を出さなくなります）。伴奏を入れることで音楽に色がつき、よりハーモニーの世界が広がります。

▶指揮者も生徒のなかから出します。合唱祭や校内合唱コンクールなどでも役立ちます。

▶先生が音楽科でない場合、音楽科の先生に授業の曲をあらかじめ聞き、伴奏者にも事前に頼んでおいてからスタートします。

▶曲目は全員が歌えるもの。中学生ならば、中1の授業ですでに歌った曲など、知っている曲を選べば、2・3年生も歌うことができます。

### POINT

▶**毎回のことですが「褒め」ましょう**：「褒めどころ」は、各チームの声楽的な技量によって異なると思います。声を出すことに抵抗があるチームには、「声を出した」ことについて最初は大いに褒めてあげてください。しっかりと定着し、美しい発声で耳を使えるようになるまで、あせらず突き詰めすぎずコツコツ続けてください。

▶**先生もぜひ一緒に歌ってください**：子どもたちのやる気が出ます。きっと。

### この経験を生かして ・・・・・・・・・・・・・・・・・・・・・・・・・・・・・・

●「歌う習慣」は、すべての音楽活動にとって大切なことだと思います。声を出して歌うことへの抵抗をなくしてから、ソルフェージュ的な練習に移行することも成功するコツかもしれません。集団の状態を見極めて、子どもたちが楽しく進んで歌う習慣がつくとよいですね。

# No. 17 「ド・ミ・ソ」で遊ぶ

## ～音は「出た音」からハモればよい～

難易度
★★＋🎹

えーっ……無理‼　と思ってしまったあなた。実は簡単です。ホント！
最初に出した音を「ド」にして「ド・ミ・ソ」（その調のⅠ度の長三和音・
短三和音）を「声」で作ってみましょう。
難しい理屈はあと。ハモれば「きれい」・グチャグチャになったら「汚い」。
これが体感できる力をそなえることは、ソルフェージュの第一歩です。

---

**実施タイミング**＝**STEP1**はできれば毎日、**STEP2**は時々

**所要時間**＝**STEP1**は3分くらい、**STEP2**は5分くらい

**場所**＝どこでも

**隊形**＝そのときに応じてやりやすい隊形で立って歌います（合奏隊形の場合は、楽器を置いて）

**使うもの**＝補助的にピアノ、電子ピアノ、ハーモニーディレクター（平均律で）など

🎹 p.38　[中音域]

---

## START！

### STEP1　全員をザックリ3つのグループに分けて「ド・ミ・ソ」作り

**1** 全員をザックリ3つのグループに分けます。
　A「そのまま（根音）」、B「3つ上（長三度上）」、C「5つ上（完全五度上）」の3グループに分けます。

**先生**

「これからド・ミ・ソをみんなで作りまーす。『ど』『そ』『み』の順番で重ねます。私をよく見ていてね」

**2** 最初の音（根音）だけを先生が「ど〜」と歌い、続けてAグループが「ど〜」と2秒ほど模倣します。その間、B・Cグループには、自分の担当の音を頭の中で"想像"させます。
　最初は、鍵盤を使わずに「声」だけでやってみましょう。難しそうなら補助的に音を出してあげましょう。

**3** 次にCグループが「そ〜」を重ねて完全五度を作ります。

**4** 最後にBグループが「み〜」を入れて完成。
　これでうまく「ド・ミ・ソ」でハモれば「おぉー」という歓声が上がる（かも）。

1巡目：A→C→B

ど〜…　そ〜…　み〜…

ど〜…

A　　　B　　　C

▶完全を求めない。きれいか汚いかがわかることがポイントです。最初はきれいにならなくても、毎日2〜3分やっていると、音を想像してハモることができるようになります。「音を思い浮かべる力」と、「判断できる耳」が育ちます。

## STEP2　担当変更！

**❶ STEP1が成功したら2巡目、3巡目**

……と、担当する音を変えて、ハーモニーをどんどん作ります。
慣れてきたら、「ど」の音程を、任意で変えていきましょう。つまり違う調にしていきます。

▶「何調か？」と考えない。わからなくてよいのです。出た音から「ド・ミ・ソ」を作らせること、ハモらせることが大事。と、考えましょう。

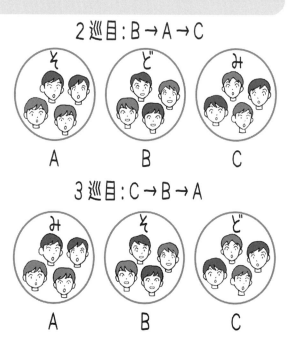

2巡目：B→A→C

そ　　ど　　み

A　　B　　C

3巡目：C→B→A

み　　そ　　ど

A　　B　　C

## STEP3 グループを作って「ド・ミ・ソ」ゲーム！

**1** 今度は、グループ内のメンバーで、ド・ミ・ソを作ってみましょう。

**2** 3人または、3の倍数でグループを作って担当を決めます。

グループごとに小さな「輪」を作って、それぞれ「ド」さん「ミ」さん「ソ」さんと、担当を決めます。

先生

「『ド』さんが、出した音から始めてください」

**3** 「ド」さんが「ど～」と歌ったら（根音は何の音でもいいです）、1秒くらいあとに「そ～」、そのまた1秒くらいあとに「み～」と順番に重ねます。

たぶん、「ぎぇーっ」というほど汚いかも……とりあえず、声を出して和音を作る「勇気」が大事です。

**4** これを、担当する音を順番にずらして1巡します。

**5** 慣れてきたら、「ミ」を半音下げて「ミ♭」にして「短調」にも挑戦してみましょう。

生徒たちは、「ミ」さんの役割が重要であることに気がつきます（第3音しだいで、長調にも短調にもなることに気づかせます）。

 先生

「長調はすごくきれいに作れるようになりましたね。
次はちょっと難しい。『短調』を作ってみてくださーい」

▶先生は何も説明せずに「短調」とだけ指示します。
▶上手に短調が作れたグループに、お手本としてやってもらってもよいと思います。

**POINT**

▶**短調を作る場合は、同主調で**：「主音が同じ」……つまり、同主調（ハ長調だったらハ短調、ニ長調だったらニ短調）でないとゲームは成立しません。

▶**絶対音感の持ち主がいたら……**：ピアノやヴァイオリンを小さい頃から習っている子の中には、絶対音感の持ち主もいます。もし、相対音感でドミソを作ることが辛そうな場合は、先生が気遣ってあげてください。その音感は素晴らしい宝物であることも伝えてあげると、別の場面で力を発揮してくれると思います。

**この経験を生かして** ●●●●●●●●●●●●●●●●●●●●●●●●●●●●●●●●●●●●●●

●授業や、部活動で扱っている曲の調のⅠ度の「和音」を、声で作ってみます。それだけでも、調性の確認がとれてハーモニーが安定します。

## No. 18 「ド・ミ・ソ」であいさつ
### ~カデンツは耳と感覚で覚えましょう~

難易度
★★+🎹

きれいな「ド・ミ・ソ」に感激できたら……
今度は、カデンツ（主要三和音による終止形）に挑戦です。
和声（ハーモニー）を目で追うのではなく、耳と声で表現します。
ここも理屈ではなく、「感覚」が大事。
コツコツと"ゲーム"として習慣化すれば、合奏や合唱で生きてきます。

**実施タイミング**＝練習や授業の最初など、適宜
**所要時間**＝慣れるまでは15分くらいかけて身につけます。慣れてきたら「こんにちは」「さようなら」のあいさつのみの場合、各10秒くらいになります。「カデンツ・カノン」を入れると5分くらいになります
**場所**＝どこでも

**隊形**＝最初は合唱隊形で。慣れてきたらどんな隊形でも（パート分けは厳密にせず、ザックリ3つや4つに。それぞれの環境に合わせて行なってください）
**使うもの**＝基本的に使いません。補助的に鍵盤楽器（ハーモニーディレクターでもよい）を
🎹 p.38 ［中音域］

## START！

👀 ▶「音であいさつしてみましょう」といきなり言うと、「……」と腰が引けてしまう生徒もいます。「きれいなハーモニーを作る練習を声でしてみましょう」「声でハーモニーが作れると、演奏でも美しいハーモニーになります」など、楽器の演奏面にもプラスになることを強調するほうが納得して臨めると思います（各チームの雰囲気に合わせて、やる気や興味が出る「ことばかけ」を工夫してみてください）
▶ゲーム……とはいっても、ソルフェージュ的なものなので、きちんと「基礎練習」のひとつとして位置づけてもよいと思います。

### STEP1 「カデンツ・カノン」

**1** ▶ 全員を起立させ、ザックリとA・B・Cの3つのグループに分けます（男女交ざっていても可）。

**2** ▶ 次ページの⑤〜⑤を、全員で手をつけて階名で、歌います。
子どもたちは、同じ音程を続けて歌うことが意外なほどできません。また半音程より全音程は不安定です。手で高さを確認することにより、音程の安定を促進します。

**3** ▶ 全員で歌えるようになったら**[譜例1]**のように輪唱（カノン）をしていきます。

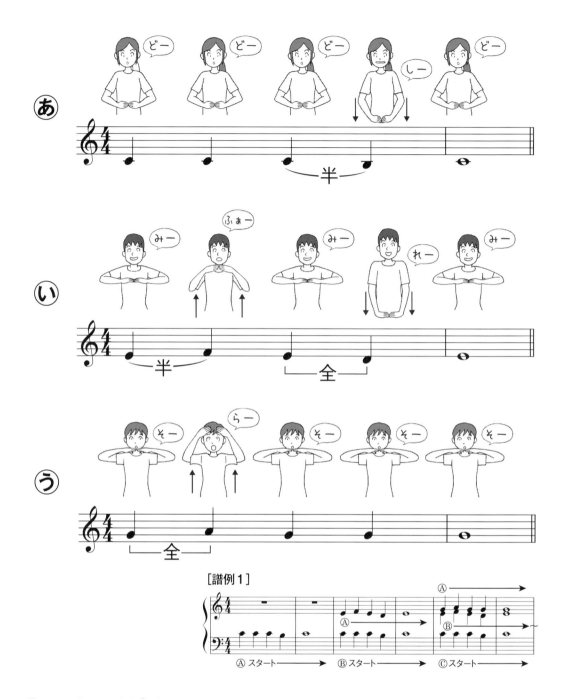

**4** Cグループが⑤(そーらーそーそーそー)までを歌ったあたりで、全体でのばして、ハーモニーを確認して止めます。

最初は濁ってしまうこともあります。そのときは、「ド・ミ・ソ」だけ合わせてもう一度挑戦してください(叱らずに、少しでもよくなったら褒めましょう)。

▶「譜例」は、すべてハ長調で記していますが、最初はニ長調あたりでやってみるのがよいと思います。

▶慣れてきたら、手の動きをとって行ないます。

## STEP2 「カデンツあいさつ」

「カデンツ・カノン」ができるようになったら、「ド・ミ・ソ」で「こんにちは」と「さようなら」のあいさつに挑戦です。今度は「手」を使いません。歌うだけです。

**❶**「カデンツ・カノン」と同様にグループ分けします。

**❷** 任意の音（出した音）を「こんにちは」の根音にします。そこから**[譜例2]**のように、順番に音を出してのばしながら重ねていきます。

**❸** ②を一度切って、全体で「こーんーにーちーはー」とカデンツで合唱します。

[譜例2]

**❹** これができたら、ことばを「さよなら」に置き換えて同じことをします。

**❺** 慣れてきたらA・B・C・Dの4つのグループをつくり**[譜例3]**のように、四声にも挑戦してみましょう。

中学や高校・大学などでは、男子がいたら、混声四部にすると、より美しいカデンツになると思います。

[譜例3]

▶最初に、音をのばすとき（1段目）の歌い方は、「こんにちはー」を、♩に1つずつ「こ・ん・に・ち・は」……と入れずに、1拍の中にギュッとつめて早口で歌うのがポイントです。

▶ **No.17と同じく、すべての音は「出した音からハモる」を主軸に**：何調かが大切ではないので、出た音を「ド」としてそこから「ド・ミ・ソ」の長三和音を作ります（絶対音感のある子がいて辛いようでしたら、「ド・ミ・ソ」ではなく、全部「ら」にしてもよいと思います）。

▶ **鍵盤で音を指定するのではなく、自然に声だけでハーモニーを作ることを目標に**：どうしても音程がふらつく場合のみ、補助的に鍵盤で助けてあげてください。その場合も鍵盤に頼らないように、すぐに「声だけ」に導いてあげてください。

▶ **一番歌いやすく美しいハーモニーになるのはニ長調〜ヘ長調の間くらい**：先生は慣れるまでは、最初に音をあげるときに「レ（ニ長調）」を確認して声に出すと安心だと思います。

## この経験を生かして ••••••••••••••••••••••••••••••••••••••••••••••

● 音楽科の先生方は、このあいさつ、音楽授業の開始と終わりに使えます。混声三部のクラスには［譜例２］で。混声四部のクラスには［譜例３］で……これもぜひ。中1・中2は、混声三部。中3、高校生は、混声四部で毎時間行なってみてください。「ハモる」楽しさ倍増です。

# No. 19

## 金魚ヨンヨン
### ～「合ってない」がわかれば 「合っている」がわかる～

難易度
★★

ここ20年くらいの間に急速に普及した個人用チューナー。

音は耳で聴いて合わせるものと、頭ではわかっていてもつい「見て合わせて」しまう。時間のない中でどうしたら……指導者の悩みのひとつです。3年生が抜け、新体制になってガクッと全体のレベルが落ちたように感じるときも、音程が気になるものです。

音程が高い・低いを耳で聴き取れるということは、実はすごい力なんですね。

時間をかけずに楽しく音程感をつける……視点を変えてみましょう。

**実施タイミング**＝最初の1週間くらいは毎日。慣れてきたら時々（なんだかダレてきたなと思ったとき）

**所要時間**＝最長で5分くらい

**場所**＝どこでも

**隊形**＝合奏隊形で全員の中で行なうとベスト（パート別にさせると、目が行き届かず、間違ったことを習熟してしまう場合があります。みんなで行なうと子どもたちの心が「安心」します）

**使うもの**＝同族（木管、金管など）の楽器2本と、全員の「耳」と「手」と「声」（ハーモニーディレクターは使いません）

## START！

### STEP1 耳・手・声でチューニング（例：トロンボーン）

これが定着するまで、個人の小型チューナーの使用を停止。がまんする。聴くクセがつきかかっても、小型チューナーを使い続けていると、どうしてもメーターを見てしまい、聴くことが定着しません。

 先生

「みんなはもう充分にわかっていると思うけど（と、おだててから）、音が合っている、合っていない、高い、低い、ということを、ゲームでやってみたいと思います。音が合うまでの過程が視覚的にもわかるので、全員でやってみましょう～」

**1** 誰か1人＝Aさん（みなさんのバンドの状況で、同じ音を長くのばせる生徒を選んでください）とトロンボーンのパートリーダー＝Bさんを指名し、全員の前に楽器を持って出てきてもらいます。

**2** Ｂさんにわざとズレた音を出してもらいます（他の生徒には知らせずに）。

**先生**

「今からこの2人に、"1つの音"を出してもらいます」
「合っているかいないか、聴き取ってくださいね」

・Ａさん＝「シ♭（実音）」
・Ｂさん（パートリーダー）＝「ラ（実音）」を一緒に吹いてもらいます。

Ａさんの音を2秒くらい聴いてから、Ｂさんが3秒くらい音を重ねます（Ａさんは5秒ほど吹き続けることになります）……たぶん、吹いた瞬間、ものすごい音が響き渡ります。ゲラゲラ笑っちゃうくらいでちょうどいいのです（吹いた本人たちもビックリです）。

Ａ 「シ♭」そのまま

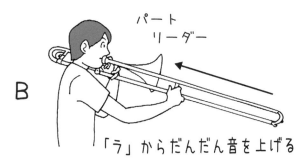

パートリーダー

Ｂ 「ラ」からだんだん音を上げる

▶このときの「低さ加減」は、誰が聴いても「おかしい」と思えるほど「とてつもなく」がポイントです。微妙な低さは余計にわからなくなるので、避けましょう（シ♭を合わせるのであればラから上げていきます）。

▶Ａさんは、5秒間はまっすぐに音をのばせないと、2人で音程が揺れるので注意しましょう。

 **3** 聴いている生徒たちに、音が合っているかどうかを尋ねます。

**先生**

「この音程は、合ってますか？　合ってませんか？」

きっと問答無用で「合ってませーん！」と返ってきます。ふんっ……ばかばかしい、という顔つきの子がいてもそのままドシドシ進めます。

**❹** 音のズレ具合を声と手で表現させます。

 **先生**

「音が合ってないことは、全員がわかりますね、今、ヨンヨンヨンという、ズレた音が聴き取れたかな？ では今度は、その音のズレ具合を、声に出して、手も金魚のシッポのように、ヒラヒラさせながらやってみましょう」

はぁ？ とか、えーっとか、クスクス笑いや、ざわつきがあってもズンズン進めます。

 **先生**

「音が合ってないから、合ったところまで、動かし続けてくださいね」

Bさんは、「ラ」から少しずつスライドを動かし、「シ♭」まで音を上げます。

合ってない
ヨンヨンヨンヨン

合ってきた
ヨンヨンヨ～ン

合った
ヨ～～～～～

**❺** 全員がわかるまで、２～３回繰り返します（音を出す２人が苦しそうだったら、途中でブレスをとらせてください）。

●いつもトロンボーンで行なう必要はありません。慣れてきたら、いろいろな楽器を組み合わせてやってみましょう。

●顧問の先生が、何かの楽器の専門だったら、生徒たちを相手に、先生が実際に楽器を吹いて、音程を変えていってあげるのもよいと思います（みんな大喜びです）。

●慣れてきたら、手をヒラヒラさせず、ヨンヨンも言わず、黙って、「合ったな」と思ったところで、手を上げるようにします。

**POINT**

▶**先生が率先して、大きな声と、動きで全体を導く**：見ているだけで「やりなさい」と言っても、やり方のわからない子、恥ずかしい子もいるので、たぶんやりません。ご自身の耳の確認にもなります。

▶**正確さを突き詰めない**：「合った」状態は、確かに「ヨーン」ですが、これが安定しなくても、だいたい合ったところで、「よくできました」と褒めましょう。

▶**だんだん耳が慣れてきます**：よくわからなくて、周囲のマネをしているだけの人もいます。それでもだんだんと耳が慣れてきて聴き取れるようになってきます。大丈夫。

**この経験を生かして** ・・・・・・・・・・・・・・・・・・・・・・・・・・・・・・・・・・・・・・・・・・・・・・・・・・・・・・

●チューナーの針を見て合わせる習慣をなくしていきましょう。耳で聴いて合わせる習慣を少しずつつけていくと、一生の力になります。

●音程が合わないと「気持ちが悪い」。音程が合えば「あー、何だかいい感じ」。こんな気持ちや評価、ことばを引き出してあげましょう。生理的な感覚を大切に……。

# No. 20 内声さがし
## ～内声は、歌ってみれば聴こえてくるよ！～

難易度
★★★＋🎹

指導するとき、私たちはよく「内声をよく聴いて」とか「ハーモニーを感じて」と、ことばで注意します。でもこれって……実際にはとても難しい要求ではないか？……と、自分自身思うのです（若い頃は気がつきませんでした）。

合奏をする場合、旋律でも伴奏でも、演奏者はたいてい「単音」を奏でています。

「みんなの単音を集めると、どういう響きと流れになるのか」を知ること。それは「声に出して歌ってみるとよくわかる」こと。まずはそこから楽しんでみましょう。

👀▶和音と和声とハーモニー……私もついごっちゃにしてしまいます。

・和音＝同時に重なり合ったいくつかの音のこと。

・和声＝和音を一定の法則によりつなぎ合わせ、前に進ませること。

・ハーモニー＝調和のとれた和音や和声のこと。

この調和を保つために大切な要素のひとつが「内声」です。

| | |
|---|---|
| **実施タイミング**＝毎日でもよいし、合奏中必要なときなど<br>**所要時間**＝演奏開始前の５分くらい<br>**場所**＝ピアノなど鍵盤楽器があれば、どこでも<br>**隊形**＝どんな隊形でも | **使うもの**＝ピアノ、または強弱がつけられる鍵盤楽器（ハーモニーディレクター・電子オルガン等は、均一の音量が出てしまうので適しません）<br>🎹 **p.38 ［中音域］**。譜例が弾けない場合は、ピアノが弾ける生徒にお願いしましょう |

## START！

## STEP1 「和音」聴き取りゲーム～歌えない音は聴き取れない

**1** いきなり始めましょう（ゲームですから！）。三和音を弾いて、聴こえた音を各自歌わせます。

 **先生**

「今から３つの音を一緒に弾きまーす。一番聴こえた音を声（"あー"や"らー"など）で、歌ってくださーい！」

[譜例1]

▶音の長さはペダルをつけて、だいたい♩＝100で全音符くらい。

▶とりあえずハ長調のドミソから、転回形の方が聴きやすいです[譜例1]。

$I^2$

**❷** 「聴き取れなかった音」を1音ずつ抜き出して、全員で声に出して
歌ってみます。

　一度歌わせてみて、一番多くの人が
歌った音は、それだけ「聴き取れた」
ということ。逆に歌った人が少なけ
れば「聴き取れなかった」ということ。
1音ずつ抜き出して、全員で声に出し
て歌ってみます。

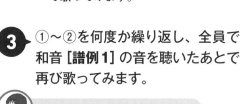

**❸** ①〜②を何度か繰り返し、全員で
和音[譜例1]の音を聴いたあとで
再び歌ってみます。

**先生**
「今、歌った音が、さっきより聴こ
えたかな？」
「じゃもう一度弾くから、聴こえた
音のどの音でもよいので歌ってくだ
さい」

ここでハモったら、すかさず褒める!!
バランスがいまいち……でも！　褒
める。これ大事です。

70

## STEP2  IV度・V度に挑戦

**1** STEP1でI度ができたら、IV度・V度［譜例2・3］も同じ方法で行ないます（時間があれば）。

[譜例2]

[譜例3]

 ▶自分では、実は何をどうすればよいのかわからず、近くの人の音をマネして歌うだけの人もいます。しかし突き詰めません（1人ずつ歌わせるのはNG）。だんだんと変わっていきますから……褒めたり励ましたりしながら……です。

## STEP3  「和声」聴き取りゲーム～カデンツを「和声」として意識させる

**1** 聴き取りゲームの開始宣言。

👩‍🏫 先生

「1つ1つの和音がつながったものを『和声』といいます。今度は和声で実験をしてみましょう。どれだけ聴き取れるかのゲームです」

「えぇー」とか「できなーい」などの声があってもムシ。無理矢理ニコニコして進めましょう。

**2** 四声のカデンツを弾いて、音を聴かせます。

［譜例4］をピアノで弾きます。可能なら1和音ずつ踏みかえながらペダルを入れると豊かに響きます。各1秒くらいのテンポで。

[譜例4]
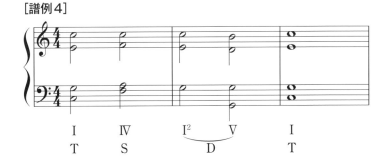

👩‍🏫 先生

「今度は4つの音の和音を続けて弾くから聴いていてね」

 ▶ここは、ピアノが難しい……と、思ったら、弾ける子どもに頼んでもOKです！（あらかじめ、練習しておいてもらいましょう）

**❸** 実験開始。一番聴こえた音を歌わせます。

**先生**

「さっきと同じように一番聴こえた音を『あ（ら）ー』で歌ってくださーい」
（一番上の音の流れを歌う人が多いはず。たぶん）

**❹** 以下、[譜例4] のそれぞれの声部の流れを「弾く→歌う→聴く」の順で行ないます。

**❺** 最後に [譜例4] を、もう一度弾き、全員でハーモニーを聴きます。

▶内声の「アルト」と「テノール」は聴き取りづらいので、弾くときにそれぞれの音を少し大きめに弾いてあげるとわかりやすく、生徒たちの聴き取れた！という達成感が増します。

▶「何となく、さっきよりいろんな音がたくさん聴こえるようになった人」と質問します。ここで手が上がらない人がいても大丈夫。繰り返しやっていくと変わってきます（何となく……が大事。「聴こえなかった人も大丈夫。聴こえるようになるよ」と励まします）。

**POINT**

▶**STEP3は、少し難しいです**：しかし、これができるようになると、実際の練習中にいろいろな場面で活用できるようになります（ホント）。

▶**全体を通じて、突き詰めない**：1人1人歌わせたり、できるまで終わらない練習をしない。そのかわりに「聴く！」としつこく言い続けましょう。何度も繰り返し行なうことで、自然に聴き取る力がついていきます。

**この経験を生かして** ●●●●●●●●●●●●●●●●●●●●●●●●●●●●●●●●●●●●●●●

●先生しだいで、子どもたちの意識が変わる──和音と和声。両方を大切に。私たちが普段取り組んでいる楽曲はほとんどの場合、旋律があり、伴奏（和声）がついています。作曲者の意図を知り、音楽的にフレーズを作り上げる大事な役目のひとつが「和声」です。音程を合わせて、和音を整えることは大切ですが、「長三和音の純正調の響きは、根音に対して第三音は……第五音は……」と、和音1つ1つを「揃える」ことだけに神経を使うのではなく、和声、つまり「ハーモニー（横の流れ）」をつかもうという意識を先生側が常に持っていると、子どもたちにその気持ちは必ず伝わります。

●臨時記号は「変化の証」。パート譜内で臨時記号が出てきたら、それは変化（転調や借用和音）の証です。「何か楽しいことが起きるよ!!」と、いつも動機づけをしてあげましょう。子どもたちが自然にハーモニーの変化に注意が向けられるようになったら素敵ですね。

# V

# リズム感UP

このパートⅤでは、本来のリトミックは行ないません。
ちょっと役立つ、「リトミック的」なゲーム。キーワードは、「身体」です。
もちろん「頭」で楽譜を「読む」能力も大切です。
同時にリズムは、目で見るだけでなく、身体に染み込ませることが大切
だと思います。あまり突き詰めずに、楽しく気長に続けていくと……
リトミックって「漢方薬」みたい!!
即効性はないかもしれないけれど、副作用もなし。
じわっと効いて「体質改善」。

・リズムが生徒たちの視覚や、知識ではなく「身体」に入るようになった。
・合奏中でも、その場で簡単なステップや手拍子、全身での表現活動を
　するだけで、演奏が生き生きとしてくるようになった。
・総合的に見て、リズム感の向上、表現力の向上が見られた。
・「聴く力」が高まった。

……などなど、気がつくといろいろと効果が見えてきます。

……とその前に!!
⇒次ページへ

「リトミック？　なんですか、それ」……確かに。
耳慣れない方も多いですよね。

　私たちが普段何気なく使っている、「リズム」「テンポ」「拍」「拍子」についても、具体的な認識があるようで、意外とごっちゃになってしまいがちです。
　実技に入る前に……以下にまとめてみましたので、ご参照ください。

## ■「リトミック」とは？

　19世紀末から20世紀初頭にかけて、スイスの音楽教育家で作曲家でもあった、エミール・ジャック＝ダルクローズが開発した音楽教育の手法です。
　「ダルクローズ音楽教育法」ともいいます。
　日本でも、おもに就学以前の幼児教育（保育園、幼稚園など）、高齢者リハビリ、特別支援教育、音楽療法の現場で活用されています。

## ■あらためて確認　音楽用語の整理

・リズム＝音符と休符、音の強弱が組み合わさってできた一定のパターン
・テンポ＝速さ
・拍（英語ではbeat）＝時間的流れの基本的単位。例えば、手をパン！と打つ、
　　1つ1つのこと

○ ○ ○ ○ ○ ○ ○ ○ ○ ○ ○ ○……拍＝○

・拍子（英語ではmeter, time）＝"拍"を規則正しく強弱をつけて繰り返すことから
　生まれるもの

● ○ ○ ○ ● ○ ○ ○ ● ○ ○ ○……4拍子

● ○ ○ ● ○ ○ ● ○ ○ ● ○ ○……3拍子

## No. 21

# 歩く！
## ～丸くなって、歩いてみましょう！ ♩→♫→スキップ!～

難易度
★＋

ただ「歩く」だけです。ピアノに合わせて（これが意外と難しい）。
……と、その前に……先生、スキップ……できますか？（ここ大事）
不安な場合は、ご自身がやってみてから始めてくださいね。
そして、いかにも「勉強です」とならないように、「丸くなってゲームしよう！」と、誘ってみましょう。
輪を作った時点で、子どもたちは「えーっ、何が始まるのかな」といつもと違う雰囲気にワクワクするはず（おそらく）。

**実施タイミング**＝毎日行なう必要はありません。週に一度でも、継続させると効果が上がります
**所要時間**＝1回あたり10分くらい
**場所**＝平らな場所であれば、どこでも
**隊形**＝丸く輪を描くように並びます（人数が多い場合は、二重の輪にしたり、複数作るなど「歩ける」スペースを確保して並びます）

**使うもの**＝ピアノまたはキーボード（ハーモニーディレクターは、音域的に適していないのとペダルが使えないので、できれば他のペダルのある鍵盤楽器がよいと思います）
🎹 **p.38　Cパターン[中音域]**
弾ける方は適宜カデンツを交えて。ピアノの弾ける生徒に「係」をさせてもできます

## START!

### STEP1　四分音符（♩）を歩く

**❶** ピアノで左手は真ん中の「ド」、右手は「ミ・ソ」で、両手一緒に四分音符（♩）を何拍子でもなく、弾きましょう（♩＝120前後のマーチ・テンポくらい）。

先生
「ハイ。ピアノに合わせて歩いてくださーい」
（いつもより、優しい声で……キャラになくてもふぁいとですっ）

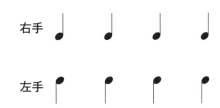

**❷** 生徒たちは、その音に合わせて輪になって歩きます。

先生

「ヒザを柔らかく使って！」
「つま先から、音に合わせる！」
……など、声掛けしてください。

▶生徒たちは、そもそもなめてます。♩♩♩♩…ですから。10秒くらい歩いたら「合ってませ
ーん」と声をかけて、歩き方の違いに気づかせましょう。「歩き方」を合わせないと、拍がバ
ラバラになります。

▶音の出ない、美しい歩き方をマスターさせましょう。すると、拍の頭をつま先で感じとり、
歩けるようになります。

○よい例＝膝のばねを充分に使
います（のばしたり、曲げたり）
さらに、かかとはつけずに、な
るべくつま先を使います。
✕悪い例＝足の裏全体をつけ
て、"ベタンベタン"と音を立
てて歩きます。この場合、拍を
足のどこで捉えているのかが
わかりません。

**3** だいたいできるようになったら、**STEP2**へ。

## STEP2　八分音符（♫）を歩く

**1** ピアノで、左手は「ド」で四分音符（♩）をずっと。右手は「ミ・ソ」を同時に八分音符（♫）でずっと。拍の頭が両手で揃うように弾きます。拍子感は出しません。

**2** 生徒たちは、右手のリズム（♫）に合わせて輪になって歩きます。

**3** できるようになったら、また「褒める」。20秒くらいやれば充分です（1分やったら、飽きます）……だいたいできたら、すぐに**STEP3**へ！

　これも比較的簡単なので、子どもたちは「聴いて」ない場合があります。何となくズルズルしていたら、「つま先から」を再度意識させましょう。

## STEP3　スキップ（♫.）を跳ぶ

**1** ピアノで、左手は「ド」で四分音符（♩）をずっと。右手は「ミ・ソ」と同時にスキップのリズム（♫.）で弾きます。拍子感は出しません。

**2** 生徒たちは、右手のリズム（♫.）に合わせて輪になって歩きます。

**❸** とりあえず10秒くらい続けましょう。

すると……信じられないかもしれませんが、ほとんどの場合、「スキップができません」（ということは、歩いたように演奏してしまう）。

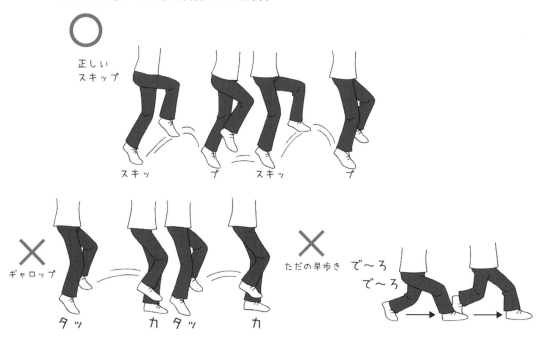

▶スキップは、もともと幼児の頃はできていたステップです。思い出せれば、ほとんどの子どもたちはできるようになります。しかし、時々できない子どももいます。そういうときには、一度で突き詰めないで、できるようになった生徒が優しく併走して教えてあげるとよいでしょう。長い目で見てあげてください。

▶先生が「スキップ」のお手本を見せてあげましょう。同時に「みんなはこんなふう……」と、わざと悪い例をしてあげると、爆笑間違いなしです‼　ここでも叱らずに、おおらかに楽しくを心がけてください。

▶**STEP1〜3**は、1つ1つ止めないで、流れの中で変化させます。おかしな事件が起きたら、そこでいったん止めて、直し、また始めます。

## STEP4　STEP1〜3を組み合わせて

**❶** 10秒くらいの間隔で**STEP1〜3**を組み合わせて、ステップをさせます。

**❷** 最後は全員「拍手」で盛り上げて終わりましょう。

▶**「合ってない」コール**：10秒くらいそのまま歩かせたら、いきなりピアノを止めます。そして、「合ってないっ！」と言います（合っていると思っても、言ってください）。すると、子どもたちは「えっ？？」と思います。「では、もう一度、ピアノの音をよく聴いて」と始めます。すると、歩き方や雰囲気が変わり、バタバタしていた音が合ってきます。なぜでしょう……「耳で音を聴こう」としてきたからです。この「合ってないっ！」効果は、いろいろな場面で使えます。

▶**「褒める」コール**：全員でなくても、できるようになったなと感じたら、すかさず「褒める」。「いいねぇー」とか「そうそう」など（ご自分でピアノを弾かれる場合、しゃべってもテンポが変わらないように注意してください）。

▶**突き詰めない**：真面目な先生ほど、「できるまで頑張る」と1人ずつ歩かせたりしがちです。それではできない子は、リトミックが大嫌いになってしまいます。いいんです……ちゃんとできなくても。まずは、身体を動かし、音を聴き、歩く……このあたりまえのことが「楽しい」と感じることをねらいとしましょう。

## この経験を生かして ••••••••••••••••••••••••••••••••••••••••••••

● 導きたい「気づき」。「目」で見ている楽譜から音程を取り除き、「リズム」を口で歌ったり手を打つだけでなく、「歩けるんだ」ということに気づかせます。そして、「歩いたように演奏してしまう」ということにも、気づかせましょう。

● 演奏の中で使いましょう。曲の中で、リズムが平べったいとか、揃わないなど、おかしなことが起きたら、その場で足踏みだけでリズムに合わせて跳ばせてみましょう。変わると思います（おそらく）。

## No. 22

### 足とび

#### ～耳と身体をリフレッシュ!～

難易度
★＋

ピアノに合わせて、ただ足の間を跳ぶゲーム。
「ピアノに合わせて」がミソッ!
「毎日頑張っているから、ちょっとここで気分転換！　ハイッ!　丸く
なって座りましょう～っ」と。「はあ？」とか「今ですか？」の空気があっ
てもムシ。どんどん動かします。
最初はキャーキャー大騒ぎですが、「聴くこと」を大切に、声掛けしなが
ら行ないましょう。普段では見られない発見がきっとあると思います。

---

**実施タイミング**＝気分転換したいとき
**所要時間**＝気分が晴れるまで（通常練習では全員
が1周するまで）
**場所**＝平らな場所であればどこでも
**隊形**＝丸くなって座る
**使うもの**＝ピアノまたはキーボード（ハーモニーディ
レクターの場合は、平均律にして使用します）。

ペダルは使いません

🎹 **p.38　Cパターン[中音域]**

もっといろいろやりたい方は、和音をどんどん変
えてもいいですし、《さんぽ》《アルプス一万尺》《ア
ンパンマンマーチ》《ゆかいに歩けば》など、何で
も弾いてください（ただし、3拍子は避けましょう。
子どもが転びます）

---

## START!

**1▶** 丸くなって座らせます。

30名くらいまでであれば、1つの輪にしたほうが盛り上がります。もちろん5人でも、10人
でもできます。

**2▶** まずはルール説明をします。

👩‍🏫 **先生**

「これからルール説明をしまーす」

〈ルール〉

・1人が人の足と足の間を1周分跳ぶ。
・1周してきたら、今跳んだ人の隣の人がすぐに立って跳び始める。つまり、リレー形式。全
　員が跳んだら終了。
・座っている人は、ピアノに合わせて「手拍子」をしてテンポを保つお手伝いをする。

**3▶** ピアノに合わせて、全員で手だけたたきます。

ピアノは、「ド・ミ・ソ」を同時にジャン・ジャン・ジャン……と、あえて拍子感をつけないように
弾きます。テンポは、♩＝40くらいから始めて♩＝80～130くらいまで（あくまで目安で
す）。

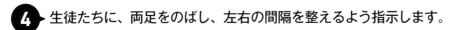 生徒たちに、両足をのばし、左右の間隔を整えるよう指示します。

 先生

「すばらしいっ!!」
「では、両足をのばしてピタリとくっつけましょう」
「隣同士の間隔を少し空けましょう。ハイハイ。そこ、ちょっと離れて」
など。「えっ……なになに?」というワクワク感を演出します。

正しく足をのばし、動かさないことが、「安全」のために不可欠です。この説明をするとき、「悪い例」もわざとさせてみてください

**5** 足と足の間を、ピアノに合わせて「跳ぶ」ことを説明します。

 先生

「ハイッ! では、この足と足との間を、1人ずつ順番に、跳びます。ピアノに合わせて跳びます」

「えーっ!!」と言っている間に、最初に跳ぶ人を先生が勝手に指名して立たせて開始。

▶ここで大事なお約束!! 小学校中・低学年の授業で行なう場合。時間内で全部やりきれない予想がつく時は、あらかじめ「今日は○○さんまでで終わります。次回は○○さんから」と、ハッキリさせてから始めます。何も言わずに始めてから、「時間がないから」と途中で終わらせると、"暴動"が起きます。全員やる気満々ですから(念のため)。

**6** すぐやります。
テンポは、♩=40くらいから始めて♩=80 ～ 130くらいまで(あくまで目安です)。

**先生**

「ハイッ。では跳びますっ!!　ピアノの速さに合わせてね」

**7** **1周したら、すぐ止めてルールの確認をします。**

この1周の間に、きっといろいろなことが起きます（たぶん）。

〈例〉

・キャーキャーうるさくて、ピアノの音が聴き取れない。

・普通、片足ずつ跳ぶかと思いきや、両足でいっぺんに跳ぼうとする（この場合は、すぐ止めます。危険です）。

・座っている人の間隔が狭くて、足を踏みつけてしまう。

・たとえ間隔が狭くても、つま先で跳ぼうとせず、足の裏全部で着地して誰かの足を踏みつけてしまう。

・全然、ピアノを聴いていない。

・座っている人が、手をたたくのを忘れて喜んでいる……など。

先生

「ハイハイッ！　ちょっとストップ。……ここでルールを確認ね」

両足ジャンプ

またぐ

たとえ何の問題もなく、素晴らしい1周目が終わったとしても、いったん止めてルールの確認をしてください。

また、うまく跳べない生徒がいたら……先生がお手本で数人分跳んでみせましょう（先生も楽しいですよ‼）。

**8** ▶ **再開し、褒めて終了。**

　全員で「拍手」して盛り上がって終われるよう、笑顔と褒めことばを心がけましょう。

## POINT

▶ **テンポは、その子に合うものを選んであげる**：さまざまな理由からうまく跳べない子もいるはずです。それは、いつも一緒にいる先生が一番よくわかっていらっしゃいますね。その子が恥ずかしい思いをしないように、合わせてあげましょう。反対に「体育会系」の子には、速いテンポで拍手喝采させてあげましょう。

▶ **注意力や集中力の散漫な子には……**：あえてものすごく「遅い」テンポを与えます。そうすることで、「聴く」「がまんする」ことを覚えます。

▶ **テンポの変化について、前もってことばで説明しない**：「ハイ、今から遅くしますよ〜」とか「だんだん速くします」などと言いません。あくまで、「耳で聴き・感じて・動く」がキーワードです。

▶ **「慣れてしまわない」ように、気をつける**：ルーティーンワークになってしまうと雑になり、「聴かなく」なってしまいます。時々止めて「合ってない」コールをして、新鮮さを保っていけるとよいと思います。

## No. 23

難易度
★＋

# ボールでビート！
## 〜いろいろなボールで音の形も体感しよう〜

私たちは演奏する中で、よく「ビート感がない」とか「音の粒を揃えて」「音の形を整えて」と指示します。

個々の技術的問題もあります。しかし「イメージ」も大事。

何分音符であっても、1つ1つの「音の形」とは具体的にどんなものなのでしょうか。

今回は子どもたちが好きなバスケットや硬式のボールを使うことで、音の形にも関心を持たせます。

---

**実施タイミング**＝適宜
**所要時間**＝5分くらい（初回のみ説明つきで長め）
**場所**＝ボールが使える場所であればどこでも
**隊形**＝2人1組
**使うもの**＝生徒……バスケットボール、硬式テニスボール（1人に1個分・なければどちらか）

※バスケ部やテニス部からあらかじめ借用しましょう。人数が多い場合は半分ずつ交代で行ないます。
ピアノまたはキーボード（ペダルが付いているもの）
🎹 p.38　Bパターン［中音域］

---

## START！

## STEP1　準備

**❶** 全体をA・B、2つのグループに分けます。

**❷** それぞれで2人1組になって会場のあちこちに散らばってもらい（奇数の場合は3人で）、ボールを持たせます。

Aグループにはバスケットボールを、Bグループには硬式テニスボールを、それぞれ1組に1個ずつ持たせます。

**❸** ピアノを2拍子で弾く用意をし（ブン・チャ）、「バウンド・パス」の説明をします。

ピアノは、1拍目の「ブン」で左手で低いド、2拍目の「チャ」を右手でミ・ソ。<u>左手のほう（1拍目）を強く弾き、2拍子感を強調します（**ブン**・チャ）</u>。テンポは♩＝80くらいから出発します。

〈ルール〉
・「ブン」で必ずボールを床面にバウンドさせて、「チャ」で両手でしっかりキャッチするように、互いの距離と力の入れ具合を調節。
・ボールは必ず「掴む」。掴んでから相手にパスを出す。

パーン！　×　○

ガシッ

▶ボールを手にした時点で、おとなしく持っている人は少ないです。ドリブルしたり、キャッチボールで遊んじゃったりします（たぶん）。でも叱らないでください。それはそれで少し遊ばせておいてから……。

## STEP2　ゲーム開始！

先生

「では今から、2人1組で持っているボールをバウンドさせてパスをしあいます。ピアノの音に合わせて……」（と言っているのにたぶん勝手に楽しく始めちゃいます。そこは、いったん静めましょう）。

**1** とりあえず始めて30秒くらい様子を見ます。

タイミングの合っているペア、合っていないペアが出ます（見ていてあげてください）。「合ってません」と止めて、もう一度20秒くらい続けます。

チャ　ブン　チャ　ブン

チャ　ブン　チャ　ブン

**②** 全体を見渡してバウンドがだいたい合ってきたら、「いいねぇ〜」「その調子」と褒めましょう。

**③** より拍を感じやすい「バウンド・パス」を理解させて次へ進みます。

**先生**

「とってもいいんだけれど、この中に2つのタイプのペアがいます。
みなさんはどちらが、拍を感じやすいと思いますか？」

▶「よい例」「悪い例」とは言わずに任意のペアに出てきてもらいます。全員の前で、両方やってもらいましょう。先生が一緒になさると子どもたちは集中します。下の「○」で行なった方がやりやすく、拍を感じやすいことを理解させましょう。

棒立ち　ヒザがまっすぐ　手だけ

ボン

チャ　ブン

「ではみなさんも両方やってみましょう」と、全員にどちらも行なわせると、理解されやすいです。

## STEP3　いろいろなテンポで……ボールを交換して

**①** STEP2ができるようになったら、テンポを変えて「バウンド・パス」。

最初は♩＝80くらいからスタート。テンポを速くしたり（♩＝136くらい）、遅くしたり（♩＝60くらい）します（各テンポを30秒くらいずつ、全部で2分以内くらい）。

ブーーン　チャ

▶先生は全体をよく見渡してください。どんなテンポで
も、立ち位置や互いの距離を変えず、必死に合わせよ
うとする人たちが多いです（きっと）。そんなことを感じ
たら、実際に先生も一緒にやってみてあげてください。

　　・速い＝距離を縮めてしゃがむ

　　・遅い＝互いに離れて、大きく振りかぶって

……など。

**2** ボールを交換して「バウンド・パス」。

　　2分ぐらい①をやったら、「互いのボールを交換しましょう」と、バスケットボールのペアは硬
式テニスボールへ、硬式テニスボールはバスケットボールへと、互いのボールをそれぞれ交
換させてください。

▶ボールの大きさが違うので、キャッチし損ねたり、跳ばしすぎたり……大騒ぎになります
が（たぶん）、そこがねらい目です。「ボールの大きさに合わせて、自分の身体の使い方を変
えてごらん」と助言してあげてください。

---

**POINT**

▶「音の形（質感）」への気づき（小学校高学年以上向け）：説明なしでできるようになったら、全
員を座らせ、さらに意識を「音の形」に向けてみましょう。

1）「こっちも（バスケットボールを持って）、こっちも（硬式テニスボールを持って）、同じ四分
音符だと考えてみてください」と、投げかけてみます（「意味わかんない」みたいな顔をして
いても、ズンズンいきます）。

2）下のようなたとえ話をしてあげます。

 先生

（例）「例えば、トロンボーン3人が同じ四分音符で伴奏していたとします。もしもAさ
んがバスケットボール、Bさんが硬式テニスボール、Cさんがスーパーボールの感覚で
演奏したら……音の形はどうでしょう。揃わない。3人がどれか1つのボールのイメー
ジで演奏する。これも大切なことなんですね」

---

**この経験を生かして** ・・・・・・・・・・・・・・・・・・・・・・・・・・・・・・・・・・・・・・・・・・

●合奏の場でおかしいと思ったときは……「ボールでビート！を思い出してごらん」と、何度も何
度も引き合いに出していくうちに、変わってくると思います。

●体験があるかないか、が大切なんですね。

●ずいぶん後になってから腑に落ちることもあるので、たとえ合奏で技術的に音がきちんと出せ
ない人がいても、概念だけでも理解させることが大切。

# 拍手一発リレー！
## ～みんなで協力して「拍子感」を養おう～

一定のテンポの中に規則的なアクセントがつくと……そこに初めて拍子が生まれます。

2拍子・3拍子・4拍子・5拍子・7拍子……普段は楽譜から「目」で確認して演奏します。

いろいろな拍子の持つ躍動感を身体で感じ取れたらきっと楽しい。

このゲームでは何拍子であっても、1人は常に「一発」しか手を打ちません。自分が「拍子の一部」になることで、拍子の共有や拍節感が身につきます。

達成感も味わえてお得っ！

**実施タイミング**＝気分転換したいとき、適宜
**所要時間**＝1ゲーム5～10分くらい、慣れてきたら5分くらい
**場所**＝どこでも

**隊形**＝丸く輪を作って座ります（人数が多い場合は15～20人くらいの輪をその場に合わせていくつか作ります）
**使うもの**＝特になし（先生または指示を出す人用に、小太鼓のスティックを1組）

## START！

**STEP1** まずは3拍子をゆっくりと

3拍子は弾む感じが出るので、わかりやすく、子どもたちは好きです。

**❶** 全員で輪になって座らせたら、いきなり始めます。

 先生

「今日は、拍子をみんなで作ってみたいと思います。何拍子かはみんなが聴いて、当ててね」

**❷** 先生が「テンポ」と「拍子」をスティックで示し、クイズ。

何も言わずに、いきなり任意のテンポで3拍子をスティックで鳴らして、それから「ハイ。これは何拍子？」と聞いてみましょう（1拍目の強拍を誇張して鳴らせば、「3拍子!!」と答えます）。

**3**▶ 全員で一緒に、スティックの「テンポ」と「拍子」に合わせて何回か手を打たせます。

全員で手を打つときには「1と2と3と」と、声に出して打たせます。テンポが安定します（速くなってきたら、先生がスティックを一緒に鳴らして修正します）。

▶テンポは♩＝80くらいから始め、慣れてきたら時々♩＝120くらいにしてみます（あくまで目安）。

**4**▶ 全員が「3拍子」らしく打てるようになったことを確認したらゲーム、開始！

👓 **先生**

「いいね。ではいよいよゲームです！」
「今度は1人1回だけ手をたたいて、今と同じになるように3拍子を作ってみましょう」

隣の人から拍をもらい、そして自分が手を打ったらすぐまた隣の人にまわし、リレーをしていきます。初めに手をたたく人は、任意の誰かを決めてください。

▶最初の人の前に先生が立ち、「1と2と3と」と、何回かスティックを鳴らしながら、自分も声に出して。テンポと拍子を出します。

▶先生がテンポと拍子の「波」を作ってから「ハイ」と合図を入れて開始させると、スムーズに最初の人が入れます。大なわ跳びに入るときの……あの感じです。

**5** 1周したら止めて、考えさせます。

♩＝80くらいだと、あまり速くなったり遅くなったりはしないかもしれません。しかし、強拍の人が強く打たなかったり、弱拍の人が強く打ってしまったり……いろいろなことが見えるはずです。「何かおかしい点はなかった？」と考えさせます。

**6** 「流れのよい」リレーをしたあとに、あえて「流れの悪い」リレーをしてみます（1周ずつ）。

両方行なうことで、生徒たちも腑に落ちます。

**先生**

「自分のことだけを考えるガシガシ石仏のようなリレーと、やさしく相手にきちんと渡す気持ちでのリレーと、どっちがやりやすいか試してみましょう」

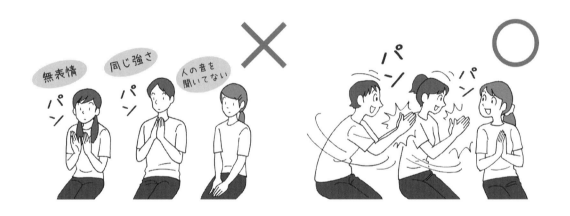

## STEP2　いろいろな拍子やテンポに変化を

**1** STEP1ができるようになったら、テンポを変えてみます。

テンポをだんだん速く（♩＝120くらいまで）したり、遅く（♩＝60くらいまで）したりして、それぞれの「ノリ」を体感させます。

**2** いろいろな拍子にも挑戦！

3拍子以外も挑戦。何回か行なって慣れてきたら、「変拍子」にも挑戦してみてください。

▶**美しい手拍子で行なう**：手拍子は「Handclap」という立派な打楽器のパートです。楽器として美しい音が出せるよう、よく「聴いて」工夫させます。

▶**先生はなるべく輪の近くにいる**：遠くからの指示だと個々のチェックができにくく、励ましたり、褒めたりしづらいです。

▶**間違ったり、止まったりした人を責めない**：テンポを速めると必ず起きることです。笑いが起きたら、先生がすぐに静めて「大丈夫！　気にしない。ハイすぐ次、いこう！」とスルーさせてください。

▶**うまく回っているときにはその場で褒める**：「いいねいいね、その調子」とか「すごいね」とか、集中を邪魔しない範囲で褒めてください。

▶**身体全体で、拍子や拍（ビート）を感じているかどうかが大事**：「聴いて」いないとできないことです。

▶**速いテンポでは「1」以外を「と」で（「1・と」「1・と・と」「1・と・と・と」のように）**：そのほうが重いと軽いが明確になります。変拍子もこれがよいと思います（例：5拍子＝「1・と・2・と・と」）。

▶**最後は拍手で終わりましょう**：あまりできなかった人も、慣れてくればできるようになります。叱らずに、拍手で終われば達成感が出ます。

# リズム譜

## ~目からの情報と身体感覚を一致させよう~

楽譜の中のリズムだけを取り出して打つ――よく行なう練習方法ですが、このとき、「拍子を感じながら、リズムを打つ」ことは、とても大事。よく見ていると、何拍子か感じられず、ひたすらリズム打ちをしている子どもたちがいます。そういうときは、表情も無表情……合ってるんだけれど、なんだかおかしい。

ここでは、よく出てくるリズム譜を、手や足を使い、躍動感や流れを感じさせられるように打ってみます。

簡単そうで、けっこう難しいです。

耳コピーではなく、目で読み取った情報を「生きたリズムとして想像しながら」打つ作業は、きっと読譜力向上にも役立つはずです。

---

実施タイミング＝適宜
所要時間＝5〜10分
場所＝どこでも
隊形＝床に座っても、椅子に座ってもよい

使うもの＝黒板、またはホワイトボード（五線はあってもなくても可。リズムだけなので）。
先生は小太鼓のスティックやカスタネットなど、簡単にテンポを出せる道具を待つ（メトロノームや、音量を下げたハーモニーディレクターも可）

---

## START！

---

### STEP1　基本編〜左手がテンポと拍子、右手がリズム

**①** リズム譜を読んで、身体で表現。まずは、手でリズムをたたく練習をさせます。
任意のリズムを指定し、20秒くらいずつ自由に両手でたたく練習をさせます。

👀 ▶リズム譜の書き方：1つはとてもやさしいもの。4小節程度。1つは上級生向けにちょっと難しいものなど。拍子もチームの状況に合わせて工夫してください（リズム譜例参照）。

▶リズムは口で歌いながら：「タンタンタン」とか「タッタタッタ」「ターン」など、声に出しながら手をたたきます。この言い方も平坦にならないように注意してください。

リズム譜例

**②** 両手で、左手はテンポと拍子、右手はリズムでひざをたたきます。慣れてくるまで2〜3回ゆっくりと繰り返します。

先生

「左手がテンポ、右手がリズムを刻みまーす」
「えっ？　難しい？……じゃあ20秒練習!!」
「ではいきまーす。せーのっ!」

……と、先生がテンポを出して、リズムを指示して始めます（「えーっ」とかゴチャゴチャ言ってもドンドン進めます）。とたんに能面のような表情になり、平べったいリズムになります（たぶん）。先生が見本を示すなどして、躍動感・拍節感を復活させてあげてください。

▶テンポは♩＝80くらいから始め、慣れてきたらいろいろ変化させてください。
▶ここでは先生の出す拍子とテンポが、生徒たちの左手になります。ここをピタッと合わせるように注意させます。

## STEP2 途中で「ハイッ」と言ったら「逆転!」

くれぐれも、**STEP1**ができるようになってから行なうようにしてください。

**1** まずは自主練。**STEP1**のように左手でテンポと拍子、右手でリズムをたたき、途中で左右の役割を逆にする練習をさせます。

 先生

「すばらしいです。じゃ今度は上級編です」（とおだててから……）
「自分で、ハイッと言いながら左右を逆にする練習20秒！」（ギェー、ギャーと大騒ぎになっても、ズンズンいきましょう。大丈夫）

▶子どもたちは「初級・中級・上級」ということばが結構好きです。テンションが上がります。

**2** 先生がテンポと拍子を出し、リズムを指定して全員で挑戦。**STEP1**から始め、途中で「ハイッ」と掛け声をかけて左右を逆転させます。

 先生

「最初は、左がテンポと拍子・右がリズムからスタート。"ハイッ"と言ったらすぐに逆!!」」

**3** 何回か繰り返し、クイズ。

何回か「ハイッ」を繰り返して終わったところで……「右手がリズムで終わった人」「左手がリズムで終わった人」とそれぞれ手を上げさせて、正解を発表するとウケます。

---

### POINT

▶**椅子に座ったままでも可能**：かかとや左手でテンポを刻みながら、両手や右手でそのリズムをたたきます。

▶**「ちょっと難しいかな?」と思ったら……**：両手でリズム打ちのみさせてからまた始めましょう。

▶**突き詰めない。長時間行なわない**：そのときにできなくてもよいのです。何回もするうちに、生徒たちに「見る」「読む」「感じる」「打つ」「表現する」「考える」などの「感覚」が養われることを目標としてください。

▶**慣れてきたら……**：係を決めて子どもたちだけでやらせることもできます。「リズム譜」を子どもたちに書かせてもよいと思います。

# No. 26

**難易度**
★★＋🎹

# 今、何拍子?

## ~リトミック的指揮で、拍子感アップ~

鑑賞曲、演奏曲を聴いただけで感覚的に何拍子かがわかる……
これができたら楽しいですね。ソルフェージュ的にも大切な要素です。
ここでは教科書で習う指揮ではなく、リトミックで行なう指揮をやってみます。身体全体を使うので大忙しですが、拍子感をつかむうえでのひとつの練習となります（通りがかりの人に目撃されると、「あやしい集団」に見られます）。
先生は絶対に「○拍子です」と言って始めないことがコツ!!
あくまで子どもたちに音を「聴いて」判断させます。

---

**実施タイミング**＝鑑賞授業・部活基礎練習として適宜
**所要時間**＝慣れてくれば5分くらい
**場所**＝どこでも
**隊形**＝丸く円になります（人数に応じて二重にしたり、いくつも輪を作ったり、柔軟に工夫してください）。先生は少し高いところに上がると見やすいです
**使うもの**＝ピアノや強弱がつけられるキーボード（ハーモニーディレクターは使いません）
🎹 p.38　Bパターン [中音域]

---

## START!

### STEP1　2・3・4拍子の確認

**1** ▶「拍子のとり方、指揮の仕方を知っている?」と、聞いてみてください。

　　意外に「知らない」もしくは「忘れている」人が多いです。

**2** 全員起立。教科書に書いてある「指揮の仕方」の要領で、4拍子・3拍子・2拍子を、右手だけで音楽なしで「いち・に・さん・し」と声に出して指揮させてみます。

　　このとき先生は、逆向きか逆手で、生徒たちと同じ動きにしてください（左利きの生徒にも右手でさせてください）。

**3** ▶普通の指揮ができるようになったら、両手を使ったリトミック的な指揮の仕方の練習をします。拍を数えるとき、今度は「1と2と3と4と」と、「と」を短く入れます（このほうが裏拍を意識して、よりビート感が出ます）。

　　はあ～っ?……みたいな、リアクションがあってもグイグイいきます。

▶何拍子からやっても構いませんが、4拍子・3拍子・2拍子の3種類を全部行なってください。
　各部位の動き（ひじの曲げのばし・各拍の手の位置・グーを握るのは1拍目のみ・あとは指ま
　でまっすぐのばすなど）をここでしっかりと確認。

▶教科書の指揮法と似ているけれど、少し違うことに気づかせます。

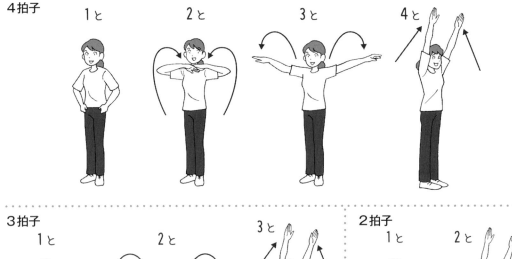

**4**▶だいたいできたら（ここでも「だいたい」が大事）……「いいね、いいね、そんな感
　じ‼」と褒めて先へ。

## STEP2　何拍子か？を聴き取りながら「歩く」

**1**▶各拍子を両手で指揮しながら、円になって歩きます。ここからはピアノを入れて、
何も言わずに拍子を変えて、それを聴き取り、自分で拍子を変化させます。

先生
「何拍子か言わないから、自分で聴いて指揮しながら歩いてください」

**2** 先生は何も言わずに任意の拍子から弾き始めて、全員を歩かせます。

> 途中で時折「何拍子ですかー？」と尋ね、「4拍子」などの声が出たら「大正解‼」と褒めます。

**3** そのまま止めずに次の拍子へ。

> また「何拍子ー？」→「2拍子（例）」→「オーケー！　すごーい」と再び褒めます。

**4** また止めずに次の拍子へ。

> またまた「何拍子ー？」→「3拍子（例）」→「きゃー、ブラボー」などと褒めちぎります（オロオロする子もいますが、他者をマネしながらでも何とかついてくれば大丈夫です。叱らない）。

**5** ②〜④を順序を変えてそれぞれ15秒くらいずつ行ないます。

---

**POINT**

▶**「合ってません」効果**：よく見てみると、ただ四分音符を歩いているだけなのに手と足がバラバラ、もしくは「ビミョー」に合ってません。……こういうときは？……ハイ。「合ってません」コールを活用しましょう。ピタッとピアノを止めて、「手と足が合ってません」と、すかさず言いましょう。それで合ってきたら「すばらしい、その調子」と褒めます。

▶**ピアノは常に左手で弾く1拍目のドだけ、やや強く**：1拍目ですから「**ブン・チャ**」の「ブン」にあたります（ここ大事）。2拍目以降の「チャ」は、右手のミ・ソを軽く弾きます。左手と同じ音の大きさだと拍子感がなくなってしまいます。

▶**歩き方にも注目**：ズルズル歩いている場合、「ひざを上げて」と言うとたいてい直ります。

---

**この経験を生かして** ● ● ● ● ● ● ● ● ● ● ● ● ● ● ● ● ● ● ● ● ● ● ● ● ●

●授業・部活時に教科書で習う指揮と置き換えてみましょう。楽曲を聴きながら、手だけで指揮をさせて「何拍子か？」を当てさせるのもよいでしょう。

# 手・足で拍子・リズム！
## ～手で拍子をとりながら、足でリズムを表現してみよう～

タイトルを読んで「無理!」と思ったあなた！　大人は難しくても子ど
もたちは大丈夫。
ゴチャゴチャになっても大ウケ間違いなしです。
そのうちスルッとできてきます。ぜひ。
リトミック的な指揮に足を加えるゲームです。拍子感を養います。
No.26とセットで行なうと、理解も早く、効果的です。
慣れてくると、複雑な変拍子の演奏にも動じなくなると思います。

**実施タイミング**＝適宜
**所要時間**＝慣れてくれば10分くらい
**場所**＝どこでも
**隊形**＝丸く円になります（人数に応じて、二重にし
たり、いくつも輪を作ったり、柔軟に工夫してく
ださい）。先生は少し高いところに上がると見やす
いです

**使うもの**＝ピアノ、または強弱がつけられて、ペ
ダルが使えるキーボード（ハーモニーディレクター
は適しません）

🎹 **p.38　Cパターン[中音域]**。左手＝拍子（生
徒の手）・右手＝リズム（生徒の足）を刻みます。逆
にならないよう、注意しましょう

## START！

## STEP1　おさらい

**1** No.26〈今、何拍子？〉のおさらいをします。

👩‍🏫 **先生**

「まず、拍子のとり方のおさらいをしてみましょう」

手だけで、それぞれの拍の手の位置を確認します。このときに、必ず、「1と2と…」と声に出
して、拍子をとりましょう。

**2** そのままピアノなしで、「では足も入れてみましょう」と、手で拍子を刻みながら
足踏みで♩を入れさせてみます。だいたいできてきたら（だいたいで大丈夫）、そ
のまま一気に進めます。

## STEP2　拍子をとりながら歩く

先生

「ハイ。すばらしいです。では今度はリズムを加えます。手はそのまま拍子。足はピアノをよく聴いて、リズムを歩きます。もう一度言います、手は拍子、足はリズム。何拍子かよく聴きながらやってね」

　テンポは♩＝80〜120くらいが目安です。ほとんどの場合、「えーっ」とか「はあー？」とか、ざわざわします……が、ムシ。そのままズンズン行きましょう。

▶どんな場合でも、ピアノは必ず、両手とも1拍目は「強く」弾いて強調してあげましょう（何拍子かがはっきりとわかるように）。

❶ ピアノを弾きながら、何も言わずに拍子を変えていきます。
　2〜3分、「4拍子・3拍子・2拍子」と、3種類の拍子を全部歩いたところで……

**2** そのまま止めずに、今度は♪で、「4拍子・3拍子・2拍子」を一巡します。

先生

「すばらしい‼　じゃあ、リズムを変える
よ。よく聴いてね。手はそのまま……足
を変えてね！」

[譜例1] 4拍子の場合

これができれば、大丈夫。このときオロオロしたり、キョロキョロしたりする子がいても、叱
らずに見守ってください。他の人のマネをしながら、だんだんできるようになります。
そして、すかさず「すごーい」と「褒める」。

**3** いろいろなリズムを入れ込ん
でいきます。

　ピアノは変わりません（左手＝拍
子、右手＝リズム）。
　2〜3分、♪で「4拍子、3拍子、
2拍子」の3種類の拍子を一巡し
たら、リズムを［譜例2］のよう
に、変えていきます。ここでは、
基本的なリズムのみ挙げます。一
見、たくさんあって大変そうです
が、流れの中でドンドン行なう
と、子どもたちは大人が思う以上
に、感じて動いてくれます。慣れ
るまでは、4拍子だけとか、特定
の拍子で行なってから、拍子を変
えても効果があります。

[譜例2] 4拍子の場合

▶だんだん、手と足が合わなくなります。拍子の「手の動き」もいいかげんになります。その
　場合は、叱らないで、「合ってませーん」と。もう一度四分音符にリセットして、きちんと手
　と足がインテンポで一致するよう確認してから、再開しましょう。あまりにグチャグチャ
　だったら、一度動きを止めて、手だけ確認します。
▶［譜例2］の中の「全音符」について：ここは、♩4つ分を「ペダル」を使って音をのばします。
　しかし子どもたちは、手だけ動かして足は立ち止まってしまいます。これを立ち止まらず
　に、スローモーションのように足を動かします。これにより、1拍ずつのエネルギーを前進
　させるよう、体感します。このとき、「1と・2と・3と・4と」（4拍子の場合）と声に出しなが
　ら動くようにすると、より感覚が入ります。

# スローモーションのように！

**POINT**

▶**1回で何もかもきちんとできるように……と、突き詰めない**：最初は「慣れること」を大切に
して、だんだんとできるようにしていきましょう。失敗してもその日の最後には、全員がで
きるリズム、例えば八分音符に戻り、「よくできました！」と褒めて終わり、次回への楽しみで
あったり、モチベーションへつなげてください。

▶**チームの状況で、事前に説明する**：論理的に説明した方が入りやすいと判断なさった場合は、
「手で拍子感を養いつつ、足でリズムを表現できると、拍子とリズムが一体となる感覚が養わ
れる。これは演奏者にとって大切なスキルです」と、きちんと説明してから始めましょう。

▶**慣れてきたら、先生の創意工夫でいろいろなリズムを取り入れます**：基本形に慣れてきたら、
先生の工夫で、さまざまなリズムを組み合わせて取り入れてください。

# 手・足でリズム・テンポ！
## ～「ハイッ！」で交換! 手・足でテンポ・リズム!～

はい。ここでも「ムリ～！　あり得ない！」と思った方。
できます。大丈夫です。
子どもたちはすごいんですから。ぜひ!!
グチャグチャになっても、普段楽譜上で"目で"見ているリズムを"身体で"示すとこんなふうになるのだ、ということが楽しく理解できると思います。
ここでも「よく聴くこと」が大事です。

---

**実施タイミング**＝他のリトミック的な基礎練習と一緒に行なうと時間がかかりません

★慣れてきたら…合奏中に「リズムが甘いな」と感じたとき、楽器を置き、起立してその場で「足踏み」「手拍子」ができるようになります

**所要時間**＝5分くらい（最初は慣れるのに10分くらいかかるかもしれません）

**場所**＝どこでも

**隊形**＝10～15人くらいの単位で輪を作り、歩く

**使うもの**＝ピアノ、またはキーボードや平均律に調整したハーモニーディレクター（音量があまり大きくなりすぎないよう注意してください）

🎹 **p.38　[中音域]**。低いドと真ん中のミだけで

---

## START！

---

### STEP1　まずは歩く（テンポ）だけの練習

**❶** 鍵盤で音を出してテンポを示します。
　　左手の指1本で低いドをポンポンポンポン（♩・♩・♩・♩）……と♩＝100～120くらいで弾きます。拍子感はあえて出しません。

**❷** 音に合わせて、輪になって歩かせます。

👩‍🏫 **先生**
「それではみなさん、このテンポ（左手の音）に合わせて歩いてみましょう」

👀 ▶この段階でしっかりズレないように、インテンポで歩かせます。
　　▶「合ってません」と声をかけて中断し、また始めるとより真剣に音を「聴く」ようになります。
　　▶「いいですねー、合ってきました」と褒めましょう。

## STEP2 次は手で打つ（リズム）練習

**1** 次に先生は、鍵盤でリズムを示します。この段階では♩だけで練習。
　　<u>右手の指1本で高いミをポンポンポンポン（♩・♩・♩・♩）……と弾きます。</u>

 **先生**

「ハイ。では右手でリズムを弾くので、これに合わせて手を打ってみましょう」

**2** 生徒たちに、リズム（♩）に合わせて立ったまま手をたたかせます。
　　先生の弾く<u>左手の「低い音」がテンポ</u>（**STEP1**）、<u>右手の「高い音」がリズム</u>（**STEP2**）であることを、ここまでの練習でしっかり認識させてください。

## STEP3 足（♩）と手（♩）両方使って練習

**1** ピアノは、左手のテンポ（♩）と右手のリズム（♩）を同時に弾きます（つまり、両手で同時に♩をポンポンポンポンと弾く）。

**2** 生徒たちに、テンポ（♩）に合わせて歩かせながら、手でリズム（♩）もたたかせます（つまり、手も足も一緒）。

 **先生**

「足も手もできるようになったから、今度は一緒にやってみよう」

　　足と手、同じことをしているのですが、<u>意外と「合ってない」「微妙にズレている」</u>のです（ホントです）。ここをピチッと合わせられるよう、よく見てあげてくださいね。「合ってません」効果を使いましょう。

## STEP4 本番！　足（♩）＋手（♫）だけ

**1** 詳しい説明をせずに、いきなり本番宣言。

 **先生**

「ではいよいよ本番です。足がテンポ・手がリズム。"ハイッ"と言ったら、交換っ!!」
すかさず、「えーっ」「うそー」「できなーい」と、ブーイングの嵐。ひるまず、ズシズシいってしまいましょう。

**❷** 左手でテンポ（♩）を音出しして、「歩きましょう」と歩かせます。

👀 ▶手まで打っている子がいたら……「今は、足だけよー！」と注意を。

**❸** ピアノは、左手でテンポ（♩）を弾いて生徒たちを歩かせながら……右手でリズム（今度は♫♫♫♫）も弾き、そのリズムに合わせて生徒たちに手もたたかせます。

この辺で手と足が一緒になったり、もつれたり、固まったり、一瞬グチャグチャになります。気にしない。ドンドンいきましょう。

手 ♫♫♫♫

足 ♩♩♩♩

**❹** 両方がこなれてきたら……どこかのタイミングで「ハイッ！」と合図を出し、足と手を交換。足がリズム・手がテンポとなります。

ここでもまた最初はグチャグチャになります。しかし必ずちゃんとできている子が数人います（ホントです）。続けましょう。

ピアノの手は、どんな時も左手＝テンポ、右手＝リズムです。

**❺** これを10秒くらいずつ、「ハイッ」「ハイッ」と繰り返します。

手 ♫♫♫♫

ハイッ！

手 ♩ ♩ ♩ ♩

足 ♩ ♩ ♩ ♩

足 ♫♫♫♫

👀 ▶機械的に行なわない。全体の様子を見ながら、「今は足がリズムだよ」とか「手がタタ・タタ・タタ・タタ……リズムだよ」などと声掛けをしてあげましょう。必要に応じて、どちらかを長く行なうなどして整えてください。

▶できたら「褒める」。とても大事です。

▶ピッタリ合うように全員ができなくても、突き詰めない。何度かやっていくうちに徐々に慣れてきます。

# STEP5 いろいろなリズムを使って

**1** **STEP4**ができるようになったら、下の④〜①を参考にリズムをいろいろなパターンで試してみましょう。

▶No.27と同じで、全音符（○）は、♩4つ分のエネルギーを身体で表現します。ピタッと止まらないように気をつけましょう。

---

**POINT**

▶**「ハイッ」の係を作る**：鍵盤を弾きながら、よいタイミングで「ハイッ」と言うのは意外と難しいです。特に子どもたちだけで行なう場合は、「弾く人」と「ハイッ」係と2人1組で行なうと、負担も少なくうまくいきます。

▶**歩く場所がない場合は……**
・足踏みと手拍子で。
・椅子に腰かけて、左手＝テンポ・右手＝リズムからスタートして、両足のももを打つ。

▶**できても、できなくても**：自分の身体をコントロールすることが、いかに難しいかがわかります。一定のビート感の中で動く楽しさも得ることができると思います。うーん。難しそう……と大人は考えがちですが、子どもたちは柔軟で可能性の宝庫です。こちらが思う以上に動いてくれます。ぜひ、お試しください。

# No. 29 演奏に生きてこそ
## ～いつでもどこでも・あの手この手で 押してもダメなら引いてみる～

難易度 ★★★

本書では、いろいろな場面で役立つ「基礎の基礎力」について触れてきました。それはすべて実際の「活動」に生かされてこその基礎力です。演奏にどう生かすか？　練習でどう生かすか？……すべては先生にかかっていると思います。

部やクラスは、いろいろな性格や個性の集まっている集団です。

「これしかない！」という迫り方ではなく、「あの手この手」を使い、「押してダメなら引いてみる」という柔軟な気持ちと手立てを先生自ら求めて行くことが大切だと思います。

失敗しても、試行錯誤しながら続けていくと、先生自身のスキルアップや達成感、自信へと必ずつながるはず。キーワードは「あきらめない」‼

---

### ケースⅠ 『リズムに躍動感・明確さを出したい』
#### ～ No.25〈リズム譜〉、No.28〈手・足でリズム・テンポ！〉応用～

リズムがズレる、はっきり揃わない、平べったい、キレが悪くシャキッとしない。音楽的に前へ進んでいる気がしないなと感じたら……

**❶** メトロノーム、または小太鼓でテンポを指示します。
　　曲のテンポより少し遅めからはじめ、だんだん速くしていきます。

**❷** 拍に合わせて足踏み。
　　楽器はその場において起立させ、きちんと揃うまで続けさせます（「合ってません」コールも効果的）。

**❸** 拍を足踏みしながら、合わせたい共通のリズムを両手でたたいて刻みます。
　　グチャグチャになったら、手だけで練習させてから再開。

**❹** ③までできるようになったら、リズムをはっきりと意識できるように「タンタン……」と声に出しながら、両手をたたきます。

👀▶顔にも表情をつけさせ、身体全体でビートを刻みながら生き生きリズムを表現できているかを見てあげてください（先生が見本として、わざと無表情で念仏を唱えるように打ってみるなど、対比させるとわかりやすいです）。

**ケースⅡ** 『フレーズをたっぷり歌わせたい・流れを感じた伴奏を させたい』〜 No.14〈鏡ゲーム！〉応用〜

旋律のまとまり（フレーズ）がブチブチ切れる。それぞれが苦しくなったところで息を吸うので、何だかおかしい……スラーの終わりがフレーズの終わりではありません。もっとたっぷりと長く美しく歌わせたい……そんなときに行ないます。

**❶** **まずは全員に旋律（フレーズ）を歌わせます。**
楽器はその場において全員起立させ、「ら」や「あ」で声に出して歌わせます。

**❷** **二度目にその「歌」に合わせ、フレーズの流れを手で表現させます。**
手で円を描いたり、波のように流したりさせます。両手・片手のどちらでもかまいません。両手の場合は揃えて同じ方向へ。
慣れてきたら座ったまま（楽器は置いて）、歌いながら手をヒラヒラ・ユラユラさせるだけでも変わります。

**❸** **実際に演奏してみて「変わったか」「気持ちいいか、悪いか」を考えさせます。**

▶ゆったりとした大きなフレーズを演奏で歌わせたいときにのみ行なってください。
▶下半身（座ったままの場合は、膝から下）も使うよう促しましょう。手ではリズムを表現するだけではなく、音のエネルギーの方向や雰囲気も表現できているかどうか見てあげてください。これは、全員が同じ動きでなくても大丈夫です（感覚が大事）。
▶視線は、必ず指先に。しっかりと見るよう指示しましょう（音の方向を表現させます）。

## ケースⅢ 『音の形を揃えたい・伴奏に前へ進む流れがほしい』
### 〜 No.7〈バーチャル・ゲーム！〉、No.23〈ボールでビート！〉応用〜

旋律にリズムの躍動感が欲しい。伴奏が停滞していて前に進まない。その場合、奏者1人1人の「音の形」「弾ませ方」のイメージを揃えることも大切です。

**①** ボールの大きさや質による弾み方の違いを思い出させてください。

**先生**

「ここの四分音符はバスケットボールのように」
「ここの八分音符はスーパーボールのように弾けて」
などなど。一度でも実体験があれば、あとはことばでの誘導しだいです。

**②** その場で空想しながら、いろいろなボールをバウンドするアクションをさせます。

「バスケットボール」「テニスボール」など、先生が指示。必ず「ボン・ボン」とか「ポンポン」「パンパン」など、擬音も声に出させます。

**③** 実際に演奏してみて、どう変わったか？を考え、確認させます。

・リズムが揃ってきたか？

・伴奏に弾みと流れが出てきたか？

・1つ1つの音の出や形が揃って、きれいになってきたか？

……など。今、問題にしていることをはっきりとさせて、評価させます。

▶担当パートの仲間同士ではなく、全員で行なうと、イメージを共有できます。

## ケースⅣ 『音程が合わない。和音や和声を整えたい』
### 〜No.15〈音模倣〉、No.17〈「ド・ミ・ソ」で遊ぶ〉、No.20〈内声さがし〉応用〜

特定の音が合わない。ユニゾンが汚い。伴奏や、旋律に寄り添うハーモニーが濁るときなど、個々の音程に問題がある場合、チューナーに頼りがちです。その前に、「声」に出して確認することも大切です。

**1** ▶ **音程が合わない箇所を声に出して歌わせましょう。**

　　　歌い方は、音名でも、「ら〜」でも、チームの状態に合わせて先生が判断してください。

**2** ▶ **該当するパートだけでなく、全員で歌ってみましょう。**

　　　・特定の音程
　　　・主旋律のユニゾン
　　　・ハーモニー（それぞれのパートの仲間で分担して）
　　　自分には「関係ない」という気持ちをなくします。常に聴きながら歌わせることで、聴く力が育ちます。

**3** ▶ **実際に演奏してみて「さっきよりきれいか、汚いか」を考えさせます。**

　　　自ら考えて判断する習慣をつけることは、とても大切です。先生は「待つ」ことになります。イライラしちゃうときもあると思いますが、少しだけ待ってあげてください。

👀 ▶ 正しい発声をしているかどうか、見てあげてください。

---

## POINT

▶ **楽器を倒したり落としたりしないように**：事前に注意しましょう。

▶ **先生も一緒に行ないましょう**：何をしたらよいのかわからない人も、先生のお手本を見ながら何となくできるようになります。

▶ **「よい（きれいな）例」だけでなく、必ず「悪い（汚い）例」も**：自分が比較体験することで、「聴く力」「表現する力」が向上します。

▶ **気持ちいいか、楽しいか**：生理的な評価も大切にしてあげましょう。

---

### この経験を生かして ・・・・・・・・・・・・・・・・・・・・・・・・・・・・・・・・・・・・・・・・・・・・・・・

#### やり方は無限大！

「わかっているはず」という思い込みを捨てましょう。子どもたちはなかなか自分から「知りません」「習っていません」とは言い出せないものです（だいたい「ハイ」と言うか、沈黙します）。何につけても、噛んでふくめるように……わかりやすい"たとえ話"や"伝え方"を常に用いるよう心掛け、その時々を過ごしてみてください。子どもたちと同じレベルに視点を落として考えることは、自分自身の勉強にもなります。ついイライラしちゃいますが、グッと堪えて。応援しています!!

# おわりに

　最後に、本書出版に至るまでのみちのりを少しお話しさせてください。

　私は28年間の教員生活のあと、2009年からフリーとして仕事をさせていただいています。その中で日々、自分の過去の仕事の経験や実践だけではなく、時代の「今」と「これから」を見据えたスキルアップが必要であると考え続けてきました。

　最新の統計によると、現職教員が一番望んでいることは「授業研究」「自主研修」の時間なのだそうです。過密な時間割と人手不足から有休も取りづらい。出張研修さえ出にくい。そんな現状が見えてきます。私自身も常勤時代は、そのジレンマの中にいました。小学校と中学校の間にある、読譜やソルフェージュ的な音楽教育への違和感も、当時は感じていました。

　この8年間、都内の小学校で非常勤講師として、音楽授業を担当させていただく中で、実際の授業を通じて「これだ」と思う学びがたくさんありました。講師としてお招きいただく講習会やワークショップでも、多くの先生方、指導者のみなさまからたくさんの話をお聞きする機会をいただきました。子どもたちや、先生方のお声から、数えきれない教えをいただき、本書のワークやゲームにも改良を加えました。

　個人的に常勤時代にはできなかった、民間研究施設、複数の音大での聴講や研修の機会を得て、第一線の専門分野の先生方に直接学ぶという幸運にも恵まれました。

　本書はそんなたくさんの方々の「おかげさま」の結晶です。

　現場で奮闘していらっしゃる先生方に、少しでも元気を取り戻していただきたい。愛する子どもたちと一緒に楽しみながら、ご指導なさるヒントにしていただければ……そんな思いを込めました。

　これからも可能な限り自分の学びの場を広げ、出会いとご縁をいただきながら、みなさまとともに研鑽を積みたいと考えています。

　最後までお読みいただき、本当にありがとうございました。

　末筆ながら、連載「まゆみ先生のバンドの「表現力」＆「活力」パワーUP講座」時に、ご支援いただきました読者のみなさま方に、深く感謝申し上げます。

　また連載当時の『バンドジャーナル』編集部のみなさま、特に担当編集者、赤井淳氏には連載中、多くの貴重なご助言で、誠実にご支援いただきました。イラストレーターの柳沢昭子氏には、温かいイラストで連載を支えていただきました。

　出版にあたり、イラストレーターの須藤裕子氏には生き生きとしたイラストを描いていただき、デザイナーの保坂美季子氏には美しく読みやすいデザインを提供していただきました。音楽之友社出版部編集者、酒井まり氏には、長期間にわたり粘り強く、本物を目指す姿勢で、常に温かい励ましとご助言をいただきました。

　ここに改めて、心より感謝申し上げます。

2018年5月

緒形まゆみ

**プロフィール**

# 緒形まゆみ (おがた まゆみ)

東京都出身。国立音楽大学卒。東京都公立中学校音楽科教諭、私立中・高校教諭として28年間勤務。多くの勤務校で吹奏楽部を創部、全日本吹奏楽コンクール全国大会4度出場。ブカレスト国際指揮マスターコース・ディプロマ取得。現在、音楽教育・吹奏楽のセミナーや国内外講習会講師、授業、コンクール審査等に携わる。著書『まゆみ先生の吹奏楽お悩み相談室』（音楽之友社）。DVD「まゆみ先生の授業・部活動で使えるリトミック」（ジャパンライム社）。

吹奏楽・授業・部活動ですぐに使える

## まゆみ先生のパワー UP！ゲーム29
### ～活力・表現力不足を楽しく解消！～

2018年6月10日　第1刷発行
2023年2月28日　第3刷発行

著　者　緒形まゆみ

発行者　堀内久美雄
発行所　株式会社音楽之友社
　　　　〒 162-8716
　　　　東京都新宿区神楽坂 6-30
　　　　電話 03-3235-2111 ㈹
　　　　振替 00170-4-196250
　　　　http://www.ongakunotomo.co.jp/

デザイン・DTP　朝日メディアインターナショナル株式会社
イラスト　須藤裕子
浄　書　小菅英嗣
印　刷　藤原印刷株式会社
製　本　株式会社ブロケード

ISBN978-4-276-31604-1 C1073